Weekly 영어회화

Weekly 영어회화

2013년 3월 15일 초판 인쇄
2013년 3월 20일 초판 발행

지은이 | 박은영
펴낸이 | 이찬규
펴낸곳 | 북코리아
등록번호 | 제03-01240호
주소 | 462-807 경기도 성남시 중원구 상대원동 146-8
우림2차 A동 1007호
전화 | 02)704-7840
팩스 | 02)704-7848
이메일 | sunhaksa@korea.com
홈페이지 | www.bookorea.co.kr
ISBN | 978-89-6324-302-3 (03740)

값 15,000원

* 이 도서의 국립중앙도서관 출판시도서목록(CIP)은 서지정보유통지원시스템 홈페이지(http://seoji.nl.go.kr)와 국가자료공동목록시스템(http://www.nl.go.kr/kolisnet)에서 이용하실 수 있습니다.
(CIP제어번호: CIP2013001430)

13주
영어회화 완성
프로젝트

Weekly 영어회화

박은영 지음

북코리아

Recommendation

나에게 '나쁜 남자'였던 영어가 착하고 친절하게 변할 수 있는 책

KBS 방송작가 김자영
현) KBS 해피FM '김광진의 경제포커스' 작가
고려대학교 경영대학원 졸업

요즘은 출생과 함께 영어를 접하고, 우리말을 완벽히 배우기도 전에 영어유치원을 다니면서 영어를 배운다. 조기영어교육이 정착을 하다 보니, 사방에는 토익/토플 만점자가 수두룩하다. 하지만 영어에 자신 있다, 영어를 잘한다고 얘기하는 사람들은 그리 많지 않은 것 같다. 영어를 대하는 태도는 세 가지 유형으로 나뉘기 때문인 것 같다.

첫 번째는 점수형이다. 이론을 완전정복하고, 시험유형을 파악해서, 토익/토플 같은 시험점수가 잘나오는 사람이다. 그러나 듣는 귀만 뚫렸을 뿐 입은 막혀 있다. 정말 영어를 해야 하는 상황에 닥치면 뒷걸음질 치게 된다.

두 번째는 포기형이다. 영어공부를 끊임없이 시도하고, 좋은 책, 문제집이 나왔다고 하면 몽땅 사보지만, 생각만큼 점수도 안 나오고 자신감을 상실한다. 나는 원래 영어에 소질이 없나 보다라고 생각한다. 영어공부를 다이어트 결심하듯이 매일 결심만 한다.

세 번째는 실용형이다. 영어시험 점수는 그다지 좋지 않지만, 말하는 데는 자신감이 넘쳐서 설사 상대방의 말을 이해하지 못했어도, 상대에게 다시 얘기해 달라고 되묻고, 천천히 말해줄 것을 요구하기도 한다.

이 가운데 어떤 유형의 사람이 되고 싶은가? 라고 물으면, 대부분 세 번째 실용형을 선택할 것이다. 실용형은 지금 당장이야 시험점수가 엉망이라고 해도 좋아질 가능성이 높은 데다, speaking에 강하다는 것이 누가 봐도 부럽다.

부러우면 지는 거다. 부럽다면, 시작하면 된다. 나도 부러움의 대상이 될 수 있다. 박은영 교수는 그 해답을 주고 있다.

박은영 교수를 알게 된 것은 수년 전에 세종대학교 사이버대학교에서 강의를 들으면서다. 테솔 과정을 준비하다가 잊었던 영어를 체계적으로 다시 배워보기 위해서 선택한 수업이었는데, 생각 그 이상의 수업이었다.

수업을 듣고 있으면 영어를 못해도 잘하는 것 같이 느껴지고, 수업을 다 듣고 나면 노래방의 마지막 곡을 흥얼거리게 되는 것처럼 수업 내용을 나도 모르게 중얼거리고 있었다. 수업 방식이 은근히 중독성이 있다는 얘기다.

영어를 잘하고 싶은데, 어디서부터 시작해야 할지 모르겠다는 분, 말 한마디라도 자신 있게 내뱉고 싶은데 말문이 안 터지는 분, 딱딱한 교과서 영어가 아니라 자연스럽고 편안한 대화를 나누고 싶은 분, 이런 고민을 안고 있는 분들이라면, 박은영 교수의 맞춤형 영어가 제격이다.

박은영 교수의 영어회화는 철저히 생활형이다. 상황과 유형에 따라서 다양한 표현방식을 알려주기 때문에, 현실에서 반드시 활용하게 되는 상황을 만나게 된다. 또, 다양한 대화를 이어갈 수 있는 예시들을 통해서 인사만 하고 말문이 막혀버리는 안타까운 상황에서 벗어날 수 있는 요령도 알려주고 있다.

박은영 교수의 영어회화는 속전속결이 가능하다. 일상에서 꼭 필요한 상황들과 관련된 대화들을 꼭꼭 집어냈기 때문에 가장 빠르게 나의 영어회화 능력을 업그레이드시킬 수 있다.

박은영 교수의 영어회화는 참으로 친절하다. 압박공부는 긴장감과 집중력을 자극시켜서 단시간에 성적을 올릴 수 있겠지만 지속성은 장담할 수는 없다. 과도한 스트레스로 흥미를 잃게 할 수 있기 때문이다. 하지만 박은영 교수의 교수법은 친절하다. 용기를 준다. 위안을 느끼게 한다. 영어를 두려워하는 사람들이 어떤 고충이 있는지 구체적으로 알고 있고 공감하고 있다. 매 챕터를 읽어나갈 때마다 박은영 교수가 토닥토닥 어깨를 두드려준다는 느낌을 받을 수 있을 것이다.

우리에게는 전 세계 어디에 내놓아도 손색이 없는 가장 과학적인 언어 한글이 있지만 안타깝게도 자랑스러운 한글은 세계 공용어가 아니다보니, 영어에 매달릴 수 밖에 없다.

기왕 영어를 공부해야 한다면, 싫어하지 말자, 외면하지 말자, 두려워하지도 말자. 재미있고 신나게 배우고, 영어를 한 단계 한 단계 정복하자. 영어를 모국어로 사용하는 사람들처럼 완벽하게 구사할 수 없다고 해도, 말을 아예 못하고, 아예 듣지 못하는 굴욕영어에서는 탈출하자.

박은영 교수의 《Weekly 영어회화》를 가방 안에 넣고 다니며 하루에 한두 페이지씩 오며가며 읽고 외우고 중얼거리다 보면, 어느새 그녀의 책 한 권이 머릿속에 오롯이 채워져 있을 것이다. 그 이후에 달라진 나를 발견하게 될 것이다.

영어회화에 두려움 없는 나를…

영어대화에 자연스럽게 참여하고 있는 나를…

영어에 한껏 자신감이 붙어있는 나를 말이다.

Preface

외국어를 배우고 또 실제 활용한다는 것은 아주 흥미진진하고 즐거운 일입니다. 누군가와 의사소통을 할 수 없다가, 내가 배운 외국어로 인해 서로 말이 통한다는 것이 얼마나 재미있고 즐거운 경험인지요.

이 책에서는 일상생활에서 우리가 흔히 접하는 상황을 대상으로 많이 어렵지 않으면서도 의사소통에 필요한 표현들을 주력하여 싣도록 노력하였습니다. 초급단계이신 분들은 기본이 되는 표현들 중심으로, 중급 이상은 소소한 내용들까지 익히도록 한다면 각자에 맞게 성취감을 경험할 수 있으리라 생각됩니다. 일상생활에서 가까이서 자주 펴 보고 연습해 본다면 즐거움과 보람을 함께 얻게 될 거라 기대합니다.

오래전에 대학 강의를 하면서 구성했던 자료들을 토대로 해서, 수정 보완하여 출판하게 되었습니다. 그때 영어를 배웠던 학우님들 중에 이제는 저보다 훨씬 유명한 영어강사님들도 있고, 방송에 나오는 분들도 보게 됩니다. 많은 분들이 그러한 발전을 경험하시기를 소망합니다.

원고작성 과정에서 구성을 도와주신 박혜진 선생님과, 원고를 꼼꼼히 읽어주시고 교정을 봐주신 이근수 박사님께 감사드립니다. 덕택에 안심하고 마무리합니다. **배우고 일하고 섬기는 기회들을 주시는 하나님께 감사드립니다.** 집에서도 책과 컴퓨터로 바쁜 저를 잘 배려해 주는 가족들에게 감사하며, 많은 분들이 연습을 통해 진보를 얻기를 희망합니다.

2013년 3월

박은영

Contents

WEEK 01-1

May I have your name?

Today's Goal 주요학습내용

이름을 묻고 답하기 / 지인에 대한 이야기
직업에 대한 대화 / 취미에 대한 대화

Lecture

1. 어휘

누구를 만나든지, 자신에 대하여 소개하고 상대방에 대해 아는 것은 가장 기본적인 것이지요. 여기에 기본 표현들을 사용하여 쉽고 외우기 쉬운 문장들로 구성하였습니다. 한번 익히면 평생 쓸 수 있는 것이 자기소개이니만큼 내 상황에 맞게 재구성하여 외우도록 합시다. 외우기 위해서는 여러 번 읽어 보고, 보지 않고 말하는 연습을 해보세요.

May ~해도 된다 (허락을 구하는 조동사, 공손한 표현에서 사용)

Miss 결혼하지 않은 여성의 성에 붙임

Mrs. 결혼한 여성을 부를 때 남편 성을 붙여서 부름

Ms. 결혼 여부에 상관없이 여성의 성에 붙임

Mr. 결혼 여부에 상관없이 남성의 성에 붙임

---

family name 성(=surname)
co-worker 동료
club 동아리(circle은 원이란 뜻이에요)
cook 요리사 (cooker는 요리기구)
astronaut 우주인
hobby 취미
dine out 외식하다
surf the internet 인터넷 서핑하다
go dancing 춤추러 가다
first name 이름
neighbor 이웃
soldier 군인
hairdresser 미용사
office worker 사무직 근로자, 사무원
do fingernail art 네일 아트를 하다
exercise 운동하다
go to the theater 영화보러 가다

---

2. 구문

이번 과에는 다른 사람을 처음 만났을 때 서로 이름을 교환하고 지인, 직업, 취미 생활에 대하여 이야기할 수 있도록 배우고 연습합니다. 자, 그럼 함께 학습해 볼까요?

1) 이름을 묻고 답하기

흔히 영어에는 높임말이 없다고들 생각하지만, 공손한 표현이 분명 존재합니다. 무턱대고 비격식/불공손한 표현을 사용하면 인격까지 의심받을 수 있으니, 공손한 표현을 사용하도록 합시다.

'이름이 뭐죠?' 'What's your name?' 누구나 아는 문장이지만, 비슷한 나이의 친근한 관계에서 물어볼 만한 질문입니다. 초면이면서도 나보다 나이가 좀 더 많거나 공손한 자리인 경우에는 이것보다는 'May(Can) I have～?' 문장을 사용해 봅시다.

'May I have your name?' 하면, '성함 좀 알려주시겠어요?' 하는 공손한 표현이 됩니다. 이름뿐 아니라 전화번호, 주소 등등 묻고 싶은 모든 정보에 대하여 이런 표현을 사용하면 공손하게 얘기할 수 있을 거예요. 당장 알려달라는 것이 아니라, '제가 ～을 알아도 될까요?' 하고 공손하게 묻는 것이니까요. 특히나 전화번호, 직업, 종교와 같

이 민감할 수도 있는 질문에 대해서는 May를 이용하여 허락을 먼저 구하면서 묻는 것이 공손한 표현이 되겠습니다.

May I have your name?
성함이 어떻게 되세요? (격식적인 자리에서)

What's your name?
너 이름이 뭐니? (동년배, 친구 간에 묻는 편한 표현)

이름을 알려줄 때, 상대방과 긴 대화를 계속 하거나 앞으로도 만날 일이 있는 경우 나를 어떻게 불러달라는 것도 같이 알려 주면 좋습니다. 외국인들은 한국어 발음이 어려울 때가 있으므로, 발음하기 쉽게, 뭐라고 불러달라고 이야기를 하면 외국인들이 잘 기억할 수 있습니다.

My name is Jang-hoon Kim.
제 이름은 김장훈입니다.

Please call me Hoon. You can call me Hoon.
'훈'이라고 부르시면 됩니다.

My English name is 'Grace'.
제 영어 이름은 'Grace'예요.

이것만은 꼭!

흔히 우리나라에서는 미스터 리~ 미스 킴~ 하면 편하게 부르는 말처럼 쓰이지만, 실제로 Mr.(미스터), Miss(미스), Mrs.(미세스)는 격식적인 용어로 성 앞에 쓰입니다. 즉, 공적인 자리에서 상대방을 격식을 갖추어 부를 때 쓰는 용어인데요, 남자들은 결혼 여부에 관계없이 Mr. 다음에 성을 넣고, 여자는 미혼은 Miss에 본인의 성을 붙이고, 기혼여성은 Mrs. 다음에 반드시 남편의 성을 붙이는 것에 유의해야겠어요.

Miss Lee 결혼 전 이 여자분의 성이 Lee랍니다.

Mrs. Song 성이 Song인 남자와 결혼한 Miss Lee는 Mrs. Song이 되었어요.

Mr. Song 성이 Song인 남자는 결혼 전이나 후나 다 Mr. Song이군요.

그런데 사실, 사회생활에서 만나는 여성에게 남편의 성까지 기억하기가 번거롭죠. 그리고 남자들은 결혼 여부에 관계없으면서, 여자만 미혼과 기혼을 나누는 것도 늘 물어보기도 그렇고 별로 기분이 안 좋을 수도 있어요. 그래서 요즘은 여성도 결혼 여부에 상관없이 Ms.(미즈)라고 본인의 성 앞에 붙이는 것이 일반적입니다.

Ms. Lee 결혼 여부는 몰라요. 이 여자분의 성은 Lee라는 것만 알아요.

우리나라에서는 아무리 친해지더라도 나이가 적은 사람이 윗사람의 이름(first name)을 부르는 경우는 없지만, 외국에서는 나이나 사회적 지위보다는 친밀도에 따라 서로의 이름을 부르기도 해요. 이를테면, 친한 대학원생이 교수님의 이름을 부르기도 한다는 것, 알아두세요.

2) 아는 사람에 대한 대화

두 사람이 처음 만나게 되려면 어떤 공통점이 있으니까 만나게 되었겠지요? 두 사람이 공통적으로 알고 있는 사람 또는 모임에 대하여 대화를 나눠 봅니다.

Do you know Michael?
마이클을 아세요?

How do you know David?
데이빗을 어떻게 아시나요?

Are you a member of this club?
이 동아리의 회원이신가요?

He is my co-worker.
(회사에서) 제 동료예요.

She is my neighbor.
그녀는 제 이웃이에요.

We study English together in a club.
우리는 동아리에서 같이 영어를 공부해요.

We studied in the same elementary/middle/high school.
우리는 같은 초등 · 중 · 고등학교에서 공부했어요.

이것만은 꼭!

same(같은) 앞에는 the를 붙여줍니다.
the same school(같은 학교), the same club(같은 동아리), the same apartment (같은 아파트)

3) 직업에 대한 대화

① 직업(하는 일)을 묻는 표현

What do you do?

What do you do for a living?

What is your job?

May I have your job? (공손한 표현)

What line of work are you in? 어떤 종류의 일에 종사하시나요?

이것만은 꼭!

단도직입적으로 직업이 뭐냐고 묻기가 좀 뭐하다면 마지막에 있는 What line of work are you in?이란 표현이 괜찮겠죠. 어떤 업에 종사하시냐고 묻는 좀 완곡한 표현이 될 수 있으니까요.

② 직업에 대한 대답

I work for ○○.
저는 ○○에서 일합니다.

I worked for ○○ before, but now I work in other area.
예전에는 ○○에서 일했는데, 지금은 다른 분야에서 일하고 있어요.

이것만은 꼭!

work과 walk 발음을 주의하세요. walk에서는 l 발음이 묵음으로 발음이 없어요.

I am majoring in English at ○○ university.
저는 ○○ 대학에서 영어를 전공하고 있어요. (in 전공 at 학교)

I am a freshman/ sophomore/ junior/ senior.
1학년/ 2학년/ 3학년/ 4학년입니다.

이것만은 꼭!

major와 minor
major 하면 주류, minor 하면 비주류라는 뜻으로 파생이 되는데요, 전공은 major, 부전공은 minor, 다문화사회에서 주된 민족은 majority, 소수민족은 minority, 피아노를 치거나 기타 칠 때 악보에 나오는 major는 장조, minor는 단조랍니다.

이런 말이 있어요.

fresh freshman 산뜻한 1학년
sophisticated sophomore 세련된 2학년
joyful junior 마냥 즐거운 3학년
serious senior 심각한(진지한) 4학년

다양한 직업에 대한 표현을 익혀 봅시다.

soldier 군인
hairdresser 미용사
public officer 공무원
pharmacist 약사
cook 요리사(cooker는 요리기구)
astronaut 우주인
office worker 사무직 근로자, 사무원
dentist 치과의사

이것만은 꼭!

또 하나! 남성과 여성을 구분짓는 말을 이제는 쓰지 않는 경향이 있답니다. 그래서 소방관도 fireman에서 firefighter(불과 싸우는 사람)으로, 경찰관은 policeman에서 police officer, 비행기 승무원은 steward/ stewardess에서 flight attendant(비행기 승무원)으로 많이 바꾸어서 쓰고 있지요.

A: May I have your job? 혹시 무슨 일을 하시나요?

B: I'm a student. 저는 학생이에요.

A: What's your major? 전공이 뭔데요?

B: I major in English. 영어를 전공해요.

4) 취미생활과 흥미(Hobbies and interests)

여가시간에 하는 것들에 대하여 이야기해 볼까요?

What do you do in your free time? 여가시간엔 뭘 하니?

What do you do in your leisure time?

What's your hobby? 취미가 뭐니?

What's your interest? 흥미가 무엇이니?

이것만은 꼭!

What do you do? 발음할 때 또박또박 [왓두유두]보다는, [와루유두]의 느낌으로 흘러가듯 자연스럽게 발음을 하시면 더욱 좋습니다. 일상적인 회화에서는 한단어 한단어 정확하게 발음하기보다는 연음이 많이 나타나니까요.

go 다음에 -ing 형을 붙이면 '~하러 가다'라는 뜻이 되요. 만들어 볼까요? go fishing(낚시하러 가다), go shopping(쇼핑하러 가다), go dancing(춤추러 가다), go singing(노래 부르러 가다) 등등 만들어 보면 계속 나오겠죠.

요즘 사람들이 여가시간에 가장 많이 하는 것은 surf the internet(인터넷 검색하다). 그 외에 exercise(운동하다), listen to music(음악을 듣다), go to the theater(영화보러 가다), dine out(외식하다), take a walk(산책하다), watch TV(TV를 보다), take photographs(사진 찍다), play computer games(컴퓨터 게임하다) 등등이 있겠지요.

흐음…. 우리, 취미를 기왕이면 study English(영어공부하다)로 하면 어떨까요? 아니면, practice English speaking(영어말하기를 연습하다)?

운동은 play+운동경기명을 씁니다. volleyball(배구), basketball(농구), table tennis(탁구), soccer(축구) 등이 있습니다. play 다음에 the를 쓰지 않습니다. play the+악기명은 '악기를 연주하다'의 뜻입니다. play the+piano, violin, cello(첼로), viola(비올라), flute 등을 만들 수 있습니다.

I usually surf the internet. 인터넷 검색해.

I like listening to the music. 난 음악 듣는 걸 좋아해.

I go shopping with my friends. 친구들과 쇼핑 가.

I read books in my free time. 여가시간 있으면 책을 읽어.

3. Practice

1) Pronunciation

영어 문장을 읽을 때는 내용을 전달하는 내용어(content words)에 강세를 둡니다. 내용어는 대개 동사, 형용사, 명사 등인데, 그렇지 않더라도 문장에서 중요한 단어라면 강세를 줄 수 있어요. 보통은 전치사, 대명사, 관사(a, the) 등에는 강세가 없어요. 아래 문장들을 문장 강세를 두어서 읽어 봅시다.

What is her name? → She's Mary.

What does she do? → She's an post officer.

2) Short conversation

이제 짝과 연습해 봅시다. 아~, 짝이 없다고요? 걱정 마세요. 혼자서 거울 보고 연습하시고, 집에 강아지나 애완동물 있으면 데리고 연습하세요. 그리고 우리가 뭐라고 말하든 '잘한다 잘해~'라고 맞장구 쳐주시는 엄마나 할머니 등이 계시면 같이 연습하시고요, 아앗, 정말 밖에 나가서 하고 싶다고요? 외국인들을 만날 수 있는 곳이면 go~ go~

① 연습하기

A: What do you do in your free time?

B: I usually ________________ / I like __________________________.

A: Oh, ______________________________.

Q: How do you know her?

A: We studied in the same high school.

Q: What does she do?

A: She's a flight attendant.

Q: What's her hobby?

A: She likes shopping. I usually go shopping with her.

② 실제연습

아래 사진의 인물에 대하여 질문해 봅시다.

What's her name?

How do you know her?

What does she do?

3) Conversation

① 결혼식장에서 만난 신부의 친구와

결혼식장에 가면 새로운 사람들을 많이 만나지요. 공통점은 신부 또는 신랑을 안다는 점입니다. 처음 만난 이와 인사를 나누어 봅시다.

You are in Mary's wedding ceremony. You're meeting someone new.

A: Wonderful ceremony, isn't it?

B: Yes, it is. The bride is so beautiful. By the way, I'm __________.

May I have your name?

A: I'm __________.(name) Nice to meet you.

B: How do you know Mary?

A: We studied in the same middle school.

B: Oh, I see.

② 정민이 지영에게 소개팅을 해주려고 합니다.

Jung-min: Ji-young, I want to introduce a man.

Ji-young: Really? What kind of person is he?

Jung-min: He is very kind and handsome.

Ji-young: Wow! What does he do?

Jung-min: He is a dentist.

Ji-young: Oh, please do so! I'll meet him right away.

③ 친구(정민)를 통한 소개팅 자리에서

정민이 주선한 소개팅 자리에 은철과 지영이 만나기로 했어요. 지영이 먼저 앉아 있고, 은철이 와서 이름을 확인하면서 자리에 앉습니다.

Eun-chul: Excuse me, Are you Ji-young Lee?

Ji-young: Yes.

Eun-chul: Nice to meet you, I'm Eun-chul Kim.

Ji-young: Glad to meet you.

Eun-chul: Um... How do you know Jung-min?

Ji-young: We studied in the same high school.

Eun-chul: I see. By the way, may I have your job?

Ji-young: Yes, I'm a teacher.

④ 은철과 지영은 서로가 맘에 들었어요. 취미생활에 대한 이야기도 나누네요.

Eun-chul: What do you usually do in your free time?

Ji-young: I usually watch movies. I like Korean movies.

Eun-chul: Oh, I like watching movies, too. Shall we go together?

Ji-young: Good.

⑤ 은철은 지영에 대하여 소개하는 이메일을 외국인 친구에게 보냅니다. 그중 일부를 써보세요.

Today, I met a woman. Her name is Ji-young.

(직업소개) ______________________________.

(취미소개) ______________________________.

Quiz

1. 다음 중 '어디에서 오셨나요?'의 뜻으로 빈 칸에 들어갈 알맞은 단어를 쓰세요.

   Where are you ________?

2. 다음 중 '직업이 무엇인가요?'의 뜻으로 빈 칸에 들어갈 알맞은 단어를 쓰세요.

   ________ do you do?

3. 다음 중 go 다음에 올 수 없는 동사를 고르세요.

   Let's go ________.

   ① dancing ② shopping

   ③ fishing ④ study

4. 다음 중 play 다음에 올 수 없는 어휘를 고르세요.

   Let's play ________.

   ① tennis ② soccer

   ③ volleyball ④ study

5. 다음 중 가장 예의와 격식을 차린 표현을 고르세요.

   ① What's your job? ② What do you do?

   ③ May I have your job? ④ What's your name?

Review

1. 이름을 묻고 답하기 ★★

May I have your name?

What's your name?

What's your family name? 성이 어떻게 되요?

2. 아는 사람에 대한 이야기 ★

How do you know Minji?

She was my English teacher when I was a middle school student.

3. 직업을 묻고 답하는 표현 ★★

What does your mother do?
어머니는 어떤 일을 하시나요?

She's a housewife.
전업주부세요.

What line of work is your father in?
아버지는 어떤 일을 하시나요?

He's a teacher. He teaches math in middle school.
교사세요. 중학교에서 수학을 가르치세요.

4. 취미에 대한 이야기 ★

What's your hobby?

I exercise in my free time.

I do fingernail art.

콩글리시와 잉글리시의 만남

남자의 정장 안에 입는 옷을 와이셔츠라고 흔히 많이 이야기하지요. 하지만 정확한 영어표현은 dress shirt가 되겠습니다. 정장으로 입는 셔츠로 기억하시면 되겠어요.

그는 백화점에서 셔츠를 샀다.

Kong: He bought his Y-shirt in a department store.

Eng: He bought his dress shirt in a department store.

콕콕 집어주는 용어사전

1. play tennis 테니스 치다

Let's play tennis.

테니스 같이 치자.

2. office worker 직장인(사무실에서 근무하는)

My brother is an office worker.

나의 오빠는 직장인이야.

3. electronic company 전자회사

My father works for the electronic company.

나의 아버지는 전자회사에서 일하셔.

4. by the way 그건 그렇고

By the way, how's your mother?

그건 그렇고, 너희 어머니는 어떠시니?

WEEK 01-2
What's your email address?

Today's Goal 주요학습내용

나이를 묻고 답하기에 대한 대화 / 가족에 대한 대화
고향과 사는 곳에 대한 대화 / 연락처에 대한 대화

Lecture

1. 어휘

occupations 직업
elder/older brother 형, 오빠
uncle 삼촌
father-in-law 장인, 시아버지
sister-in-law 처제, 시누이
hometown 고향
stay in shape 몸매를 유지하다
professional 전문가
return 돌아오다
faithful 신실한, 믿을 만한 (배우자에게 충실한)
cousin 사촌
aunt 숙모, 이모
mother-in-law 장모, 시어머니
brother-in-law 시동생, 시아주버니
come from ~서 오다
graduate from 졸업하다
play a role 역할을 하다

2. 구문

1) 나이(Age)

외국인에게 나이를 바로 물어보는 것은 실례가 될 수도 있습니다. 요즘은 우리나라도 나이를 대답하기를 꺼리는 분위기도 있지요. 나이를 물어볼 때는 이러한 것을 반영하여 How old are you?라고 묻지 말고, May I have your age?라는 공손한 표현을 먼저 익혀 두시고요.

그리고 대답을 할 때에도 정확하게 알려주지 않고 대략적으로 소개하고 싶을 때가 있어요. 한 살이라도 젊어 보이고 싶은 마음에서일까요, 아니면 나에 대해 신비주의를 주고 싶은 마음일까요.

이때 대략적인 나이 정도만 알리고 싶을 때에는 20대, 30대, 40대, 50대와 같은 표현을 할 수 있습니다.

in one's twenties/ thirties / forties/ fifties / sixties
20대 / 30대 / 40대 / 50대 / 60대

I am in my thirties.
저는 30대입니다.

초반, 중반, 후반이란 말을 넣고 싶으면 in one's early[middle, late] thirties 이렇게 앞에 early(초반), middle(중반), late(후반)을 넣으면 됩니다.

I am in my late thirties.
저는 30대 후반입니다.

정확히 밝히고 싶으면 아래 문장으로 하시면 되겠고요.

I am 40 years old now.
저는 40세입니다.

또는 I am 40. (숫자만 그냥 써도 되겠습니다.)

I am a 40-year-old woman.

하이픈(-)을 이용한 연결에서는 year를 단수형으로 쓰는 것에 주의하세요.

이것만은 꼭!

나이에 대한 이야기에서 동서양을 막론하고 항상 듣기 좋은 말이 있지요.
- You look young. 어려 보이시네요.
이 말입니다. 동서양 어디에서나 요즘은 동안이 대세이지요. 그냥 인사치레로 하는 말이 아니라, 정말 많이 어려 보일 때는 이런 표현들이 있습니다.
- You look so young! 정말 어려보이시네요. (젊어 보이시네요.)
- You look very young for your age. 나이에 비해 많이 어려 보여요.
그리고 나이에 대해 이야기하다 보면, 나오는 말이 또 있지요. '전 나이 들어 가고 있어요.' I'm getting old.라는 표현도 있네요.

2) 가족 소개(My family)

자기소개에 가족 이야기도 꼭 한 번씩 하지요.

한국어에는 오빠, 남동생, 형, 언니, 여동생 다 있지만, 영어에는 older나 elder(나이가 더 많은 손윗), younger(나이가 더 적은)를 brother, sister에 붙이면 됩니다.

옛날 문법책에서 형은 elder brother라고 배웠죠. 하지만 이제는 elder brother, older brother 모두 형이라는 말로 쓰입니다. 영국을 제외한 다른 영어 사용 국가에서는 older brother가 일반적인 표현이에요.

My elder/older brother is already married.
1) My brother is four years older than me. (O)
2) My brother is four years elder than me. (X)

이것만은 꼭!

기억해 두어야 할 사항은 elder는 My elder brother처럼 명사를 꾸며주는 위치에만 쓰고, be 같은 동사 다음 위치에는 older만을 써야 한다는 것입니다.

I have a younger brother. He is a high school student.
저는 한 명의 남동생을 두고 있으며, 그는 고등학생입니다.

I have a faithful husband and one lovely daughter.
저는 믿을 만한 남편과 사랑스런 딸 한 명이 있습니다.

I have a kind wife and two sons.
저는 다정한 아내와 두 명의 아들이 있습니다.

My son is a college student.
제 아들은 대학생입니다.

My father was a public officer and my mother is a teacher. My father is retired.
아버지는 공무원이셨고 어머니는 선생님입니다. 아버지는 은퇴하셨습니다.

My mother is a housewife. (=homemaker)
나의 어머니는 가정주부입니다.

stay-at-home mom (dad) 전업주부. 요즘은 더 좋은 말이 있어요. 예전에는 housekeeper, housewife라고 했는데, 요즘은 homemaker, 더 좋은 말로는 homedesigner도 있어요. 와우~

---

cousin 사촌
uncle 삼촌
aunt 숙모, 이모
(-in-law를 붙이면 법적으로 이런 관계, 즉 배우자의 가족들을 일컫습니다.)
father-in-law 장인, 시아버지
mother-in-law 장모, 시어머니
sister-in-law 처제, 시누이
brother-in-law 시동생, 시아주버니, 처형

---

3) 고향과 사는 곳(My hometown and the place where I live)

고향과 사는 곳에 대해서도 이야기해 봅시다. 같은 고향 또는 동네 사람을 만나면 반갑지요.

Where are you from? 어디 출신이세요? (어디서 오셨어요?)

Where do you come from?

Where is your hometown? 고향이 어디세요?

I'm from Masan, Gyungnam. 경남 마산에서 왔어요.

I come from Masan.

My hometown is Masan. 제 고향은 마산이에요.

지금 사는 곳

Where do you live now? 지금은 어디 사세요?

Where are you living now? 어디에 살고 있어요?

I live in Cheon-yeon dong, Seodaemun-gu in Seoul.

I'm in Seodaemun. 서대문이요.

I live in Yeonhee dong in Seoul.
저는 서울 연희동에 삽니다.

I live near here. 여기 가까이에 살아요.

I was born in _____, and now I live in Seoul.
저는 _____에서 태어났으며 현재는 서울에 살고 있습니다.

전체 주소를 이야기할 때, 한국어는 큰 곳부터 작은 곳으로 가지만(서울 중랑구 망우동), 영어에서는 작은 곳부터 소개를 합니다(망우동 중랑구 서울). 어순에 주의하세요.

I live in Mangwoo-dong, Jungang-gu, Seoul, Korea.
저는 서울 중랑구 망우동에 삽니다.

4) 연락처

헤어지기 전에 전화번호와 같은 연락처는 꼭 알아두어야 되겠지요. 하지만 개인 정보니까 이것도 What's your phone number?보다는 May I를 사용하는 게 좋겠어요. 비슷한 나이 또래에게 편하게 물어볼 때는 Can I have를 쓸 수도 있어요.

What's your phone number? 너 전화번호가 뭐니?

Can I have your phone number?

May I have your phone number? 전화번호 좀 알아도 될까요?

그리고 요즘은 전화보다 더 편리하게 사용하는 것이 있죠. 이메일입니다. 대답하실 때는 우리가 '골뱅이'라고 부르는 @는 'at'이고요, daum.net은 [다음 닷 넷] 이렇게 중간에 점은 dot이라고 합니다.

May I have your e-mail address?
이메일 주소 좀 알아도 될까요?

My email address is 20000grace@daum.net.
제 이메일 주소는 20000grace@daum.net입니다.

연락처를 받고 헤어질 때는 다음과 같은 표현으로 자연스럽게 헤어질 수 있습니다.

I'll call you later. 나중에 전화할게요.

I'll email you. 이메일 보낼게요.

3. Practice

1) Pronunciation Repeat silently. Then repeat out loud.

영어에서는 내용어(content words)에 강세를 둡니다. 내용어라 함은 동사, 명사, 형용사처럼 실제적인 내용을 전달하는 어구들이고, 상대적으로 문법적 기능을 담당하는 기능어(전치사, 관사 등)은 강세가 없고 약하게 읽게 됩니다. 아래 문장에서 진하게 된 부분을 강조하면서 읽어 봅시다.

How **old** is she? → She's in her **ear**ly **twen**ties.

What does she **do** in her **free time**? → She **likes watch**ing **mov**ies.

2) Activity

배운 표현들로 옆에 있는 사람과 간단한 자기소개 및 질문을 해볼까요? 시간이 허락한다면 여러 명에게 영어로 물어 빈 칸을 채우세요.

	Name A	Name B	Name C
name (이름)			
phone number (전화번호)			
age (나이)			
where he/she lives (사는 곳)			
e-mail address (전자우편 주소)			
interest (관심)			
family background (가족사항)			
hobby (취미)			
hometown (고향)			
acquaintance (지인, 아는 사람)			

3) Grammar check 시제 연습

아래 문장들을 보면서 질문에 따라 대답의 시제가 어떻게 변화하는지 살펴봅시다. 그리고 어떻게 달라지는지도 보고요.

Where **do** you **come** from? → I **come** from Chicago./ I'm from London.

Where **did** you **come** from? → Today I **came** from Chicago.

What **do** you **do**? → I **work** in an office.

What **are** you **doing**? → I'**m cleaning** my room.

Do you **live** in korea? → Yes, I **do**.

Are you **living** in Korea? → Yes, I'**m living** in Korea now.

But I'**ll** return to Japan soon.

4) Interaction

① 친구에게 한국어로 제시된 큐를 보고 영어로 질문하고 답을 들어봅시다. 이제 바로 입에서 나올 수 있도록 해봅니다.

-나이, 가족사항, 고향과 사는 곳, 연락처

② Think time

Think of 3 or 4 important things in my life. 내 인생에서 중요한 것들 3~4가지를 생각하고 써봅시다. Idea box: your family, interests, where you live, things you've done, your plans and dreams (예: 가족, 취미, 사는 곳, 한 것, 계획이나 꿈 등)

____

____

____

____

③ Action! Look at your partners' pictures. What do the pictures mean? Ask each partner at least 3 questions:

요즘은 휴대폰에 사진 몇 장씩은 다 있죠? 사진에 있는 사람에 대해서 우리가 배운 표현들을 이용해서 나이, 하는 일, 가족, 그 사람과의 관계, 등에 대해 물어봅시다. 상대방의 휴대폰에 있는 사진을 보면서 사진 속 인물에 대한 질문과 답을 해봅시다.

Who is in the picture?

How do you know him?

How old is he?

5) Real stories

① Let me introduce myself

Ju Young was surfing web sites to find a key pal. David's introduction interested her. Read his introduction. Guess the missing words.

Hi, let me introduce myself. I'm half Italian and ___①___ American. I'm 22 years old and single. I graduated from a U.S. university last year, and I am now a professional in the IT world.

My ___②___ are listening to live music, especially jazz, going to the theater and dining in the country's famous restaurants. I exercise each day to stay in shape. I enjoy being with ___③___ and strongly believe men should play a bigger role in helping children.

Missing words: ① half, ② hobbies, ③ children

② Your story

Write your own introduction. For fun, use a little imagination! 이제는 나의 자기소개서를 써 봅니다. 재미있게 하려면, 약간의 상상력을 발휘해 볼까요?

③ Who is he/she talking about?

Cover or cut off your name. Give your introduction to your teacher. Read someone else's introduction. Ask classmates questions to figure out who wrote it. 이름을 지우고 자기 소개서를 냅니다. 그리고 섞은 후에 뽑아서 누군가의 자기 소개서를 들어봅시다. 누구인지 맞춰 봅시다. 또는 옆사람에게 내가 적은 누군가(유명인)에 대한 소개서를 듣고 누구인지 맞춰 보세요.

6) About me, about yoy

Young Ho is posting a message at the English Firsthand Caf? He wants a key pal (Internet pen pal). Fill in the spaces. Use these words. There is one extra. (study, send, enjoy, work, address, live, from, free time)

Hi. My name is Young Ho Choi. I'm 24 years old. I'm ____ⓐ____ Seoul, Korea, but now I live in the U.S.A. I ____ⓑ____ in New York City. My e-mail ____ⓒ____ is graceof@daum.net. I'm single. I'm a computer programmer. I ____ⓓ____ for LG, the electronic company. In my ____ⓔ____, I play tennis and ski. I also study art. I ____ⓕ____ talking to new people. I'd like to talk to you! Let's be key pals. ____ⓖ____ me an e-mail.

Answer: ⓐ in, ⓑ live, ⓒ address, ⓓ work, ⓔ free time, ⓕ enjoy, ⓖ send

Write about yourself. Use some of these words :

(enjoy, study, work, address, live, free time)

____

Quiz

1. '그녀는 50대 후반이고, 그녀의 남편은 60대 초반이다'를 영작하세요.

   She is ________①________, and her husband is ________②________.

2. 다음의 친척들의 명칭을 영어로 쓰세요.

   ① my brother's wife: ____________________

   ② my husband's mother: ____________________

3. 다음 내용의 문장의 괄호에 맞는 전치사를 고르세요.

   I was born in America, but now I live (   ) Korea.

4. 다음 중 어법에 맞지 않은 문장을 고르세요.

   ① My old brother is a high school student.

   ② I live in Cheon-yeon dong, Seodaemun-gu.

   ③ My email address is 20@daum.net.

   ④ His hometown is Go-hueng.

5. 만난지 얼마 안 되는 외국인에게 묻는 다음 질문 중 문화적으로 적절치 않은 것은?

   ① Where do you live?

   ② Can I have your email address?

   ③ How old are you?

   ④ What's your name?

Review

1. 대략적인 나이 이야기하기 ★★

in one's (early/mid/late) twenties

'20대 초반/중반/후반'의 뜻이다.

2. 가족에 대한 이야기 ★

I have a kind husband and a daughter.

전 다정한 남편과 한 명의 딸이 있어요.

My brother-in-law is very smart.

시동생은 아주 똑똑해요.

3. 고향이나 사는 지역을 묻고 답하는 표현 ★

Where are you from? 당신은 어디에서 오셨나요?

I'm from Masan. 전 마산에서 왔어요.

4. 나의 이메일 주소를 소개 ★★★

My email address is 20000grace@daum.net.

제 이메일 주소는 20000grace@daum.net입니다.

콩글리시와 잉글리시의 만남

'빵빵 빵빵' 하고 운전 중 울리는 것을 '클랙슨을 울리다'라고 흔히들 말하는데요, 정확한 영어표현으로는 'honk'를 씁니다. 외국에서 또는 외국인 손님을 데리고 운전할 때는 이런 표현을 써 줍시다.

너 저 난폭한 운전사한테 경적을 울렸니?
Kong: Did you klaxon at that crazy driver?
Eng: Did you honk at that crazy driver?

콕콕 집어주는 용어사전

1. email address 이메일 주소
What's your email address?
너의 이메일 주소는 뭐니?

2. sister-in-law 시누이, 처제
The person over there is my sister-in-law.
저쪽에 있는 사람이 내 시누이야.

3. in one's twenties 20대
My younger brother is in his twenties.
내 남동생은 20대야.

4. hometown 고향
My hometown is Jeju, a beautiful island.
내 고향은 아름다운 섬, 제주도야.

WEEK 02-1
Do you like R&B?

Today's Goal 주요학습내용

악기의 종류 및 연주 / 음악의 종류
음악에 대한 취향

Lecture

1. 어휘

instrument 도구
musical instrument 악기
so-so 그냥 그런
boring 지루한
Are you kidding? 너 농담하니?
several 몇
musical 음악의
happen 발생하다, 일어나다
commercial 상업적인
R&B 리듬 앤 블루스
taste 취향
since ~이래로

2. 구문

1) 악기 좀 할 줄 아니? Can you play any musical instrument?

외국은 물론, 우리나라에서는 모였다 하면 노래가 빠질 수 없지요. 남녀노소 할 것 없이 좋아하는 음악이나 노래는 다들 있고요. 외국인과의 영어 대화에서도 공통으로 말하기에 부담없고 대화를 잘 이어나갈 수 있는 주제로 음악을 이야기해 보면 어떨까요? Do you like songs?

A: Can you play any musical instrument?
너 악기 좀 다룰 수 있는 거 있니?

B: Yes, I can play the piano.
응, 난 피아노 칠 수 있어.

Musical instruments (악기)

guitar 기타	**flute** 플루트	**oboe** 오보에
cymbals 심벌즈	**drum** 북	**violin** 바이올린
harp 하프	**cello** 첼로	**viola** 비올라
bassoon 바순	**timpani** 팀파니	**horn** 호른
bagpipe 백파이프	**organ** 오르간	**trombone** 트롬본
tuba 튜바	**saxophone** 색소폰	**xylophone** 실로폰
tambourine 탬버린	**bongo** 봉고	**Recorder** 리코더

이것만은 꼭!

'악기를 연주하다'는 play 다음에 반드시 the를 쓰고 악기 이름을 붙입니다. 한국어로 알고 있는 악기와 영어 이름 또는 철자가 다른 것들은 눈여겨 봅시다. (xylophone, cymbals, cello 등)

I play the [악기]. [어떤 악기]를 연주하다.
I play the piano. 난 피아노를 연주해.

2) 음악의 종류 Types of music

Think about music. 음악에 대해 생각해 봅시다.

How many [English songs] can you think of?
얼마나 많은 [영어 노래들이] 생각나니?

CM songs 광고 노래들

musicians and musical groups 음악가들과 음악 그룹들이

classical music 고전음악	hiphop 힙합
commercial message song CM송	disco 디스코
rap music 랩 뮤직	rhythm and blues(R&B) 리듬 앤 블루스
march 행진곡	semi classic 준 고전음악
original sound track(OST) 영화음악	jazz 재즈

그 외에도 'march'의 경우 a dead march(장송행진곡), a wedding march(결혼행진곡), go on a march(데모에 참여하다) 등과 같이 연결될 수 있습니다.

What type of music is it? 이건 무슨 종류의 음악이지?

It is hiphop. 이건 힙합이지.

3) 서로의 뜻에 맞게 연결 지어 봅시다. Match the words with their meanings.

ⓐ R&B •	• ① Not smart
ⓑ So-so •	• ② What you like best
ⓒ Favorite •	• ③ Rhythm and Blues
ⓓ Commercial •	• ④ Not great, but not bad either
ⓔ Silly •	• ⑤ Advertisement
ⓕ Boring •	• ⑥ Want something to happen
ⓖ Famous •	• ⑦ Many people know it

ⓗ Message • • ⑧ Not interesting

ⓘ Hope • • ⑨ Idea or meaning of a song

Answer: 1. e 2. c 3. a 4. b 5. d 6. i 7. g 8. f 9. h

4) 네가 좋아하는 음악 Your favorite music

서로 좋아하는 음악에 대하여 이야기 나눠 볼까요?

Do you like classical music? 넌 고전음악 좋아하니?

Who's your favorite singer? 제일 좋아하는 가수는 누구니?

Have you ever been to a live concert? 라이브 콘서트에 가 본 적 있니?

What do you think of hiphop? 넌 힙합에 대해 어떻게 생각하니?

You are talking to a friend about music. 친구와 음악에 대한 대화를 나눠 봅시다.

A: Have you (seen/heard) Noise Family's new (music video/CD) yet?

B: Yeah. Last weekend.

A: (What did you think of/How did you like) it?

B: I thought it was great. How did you like it?

A: I thought it was (boring/just so-so)

B: (boring/just so-so)? Are you kidding?

---

great/ fantastic 멋진/환상적인 **good** 좋은

so-so 그냥 그런 **terrible** 끔찍한

boring 지루한

이것만은 꼭!

'What do you think of it?'은 '넌 이것에 대해 어떻게 생각하니?'인데, how가 아니라 what을 문두에 씁니다. 그런가 하면 How do you like it?은 '얼마나 좋아하니? 어떻게 좋아하니?'의 뜻이므로 how를 문두에 쓰는 것 명심하세요.

3. Practice

1) Pronunciation

r 발음과 l 발음은 한국어에는 'ㄹ'밖에 없어서 잘 틀리기 쉽습니다.

reggae 서인도 제도 자메이카 기원의 록 뮤직

rock & roll

rap music 발음에서는 혀끝이 입천장에 닿지 않습니다.

lalala 여기에서는 혀끝이 윗니의 뿌리쪽(치경)에 닿아요.

2) Short conversation

① 좋아하는 음악에 대해 말해 봅시다.

A: What's your favorite kind of music?

B: I like R&B (Classical music).

A: R&B? I really like that, too.

B: Wow. I didn't know that about you.

② 노래방 좋아하니?

A: Do you like karaoke (singing room)?

B: I think it's OK.

A: Just OK? I love it.

③ 음악에 대한 다양한 대화를 연습해 봅시다.

Asking questions about music.

1) A: Do you like jazz?

   B: It's okay, I guess.

2) A: What is your favorite kind of music?

   B: I like rock best.

3) A: Have you heard the Jangles' new album yet?

   B: Yes, I listened to it weekend.

4) A: What did you think of it?

   B: I thought it was great.

5) A: What was the first CD you bought?

   B: It was a Beatles' album.

6) A: Do you like to sing in karaoke?

   B: Yes, but not so often.

7) A: Can you sing a song in English?

   B: Yes. In fact, I can sing several.

8) A: Has your taste in music changed since junior high school days?

   B: Yeah, a lot.

이것만은 꼭!

Have you heard~: ~들어 봤니?

my taste in music: 음악에 대한 취향

You have a good taste in music. 음악에 일가견이 있어.

(어떤 한 분야에 일가견이 있는 것을 'good taste'라고 합니다)

3) Writing

Younghee prepares a CD for her friend as a present. She writes some memos for the CD. 영희는 친구에게 CD를 선물로 주려고 준비해요. CD에는 그녀의 메모를 넣어

서 주려고 써요.

I hope you like this CD.
난 네가 이 CD를 좋아하면 좋겠어.

1. 'To be brave': I like this song a lot. The best thing about it is the message. It's about being brave. I think it says really important things!

   1.'용감해지기': 난 이 노래를 참 좋아해. 특히 좋은 건 이 노래의 메시지이지. 용감한 것에 대해 이야기하는데, 이건 정말 중요한 거라고 생각해!

2. 'Just you and me': This is my favorite song ever! I have heard this song hundreds of times and every time I still cry. The words and the music are both so impressing.

   2. '오직 그대 그리고 나': 이건 내가 제일 좋아하는 노래야! 수백번은 들었을 텐데, 들을 때마다 울곤 해. 가사와 음악이 둘 다 감동적이야.

내가 좋아하는 음악들을 친구에게 이메일로 또는 CD로 선물해 준다고 생각해 봅시다. 영어로 간단하게 노래들에 대한 느낌을 영어로 적어보세요. 두 곡만 정해서 적어볼까요.

① ______________________________

____

② ______________________________

____

Quiz

1. 다음 중 한국어의 내용과 맞는 영어문장으로 괄호에 들어갈 적절한 단어는?

   (   ) do you think about k-pop?

   넌 케이팝에 대해 어떻게 생각하니?

   ① How   ② What   ③ How much   ④ Why

2. 다음 괄호에 들어갈 단어를 고르세요.

   A: (   ) you sing a song in English?

   B: Yes. In fact, I can sing several.

   ① Do   ② Did   ③ Can   ④ Have

3. 다음 중 한국어의 내용과 맞는 영어문장으로 괄호에 들어갈 가장 적절한 단어는?

   My (   ) in music has changed.

   난 음악에 대한 취향이 바뀌었어.

   ① styles   ② feel   ③ taste   ④ musical thinking

4. 다음 중 표현과 한국어 뜻이 맞게 짝지어지지 않은 것은?

   ① musical instrument - 뮤지컬 기계   ② so-so - 그냥 그런

   ③ commercial - 상업적인   ④ boring - 지루한

5. 다음 중 자연스럽지 않은 대화를 고르세요.

   ① A: What is your favorite kind of music?

   B: I like rock best.

   ② A: Do you like to sing in karaoke?

   B: Yes, but not so often.

   ③ A: Have you heard the Jangles' new album yet?

   B: Yes, I listened to it before.

   ④ A: Do you like jazz?

   B: She's my favorite singer.

Review

1. 어떻게 생각하는지 의견을 묻고 답하기 ★★★

A: What did you think of it?

B: I thought it was great.

2. 악기를 연주할 줄 아는지 묻고 답하기 ★★

A: Can you play the piano?

B: Yes. In fact, I can play several musical instruments.

3. 좋아하는 음악 장르 말하기 ★★

A: Do you like hiphop?

B: It's okay, I guess.

4. 앨범을 들어봤는지 묻고 답하기 ★

A: Have you heard the Jangles' new album yet?

B: Yes, I listened to it last weekend.

콩글리시와 잉글리시의 만남

'~에 대해 어떻게 생각하니?'라는 문장을 만들 때 한국말을 영어로 옮기면 how를 쓰기 쉽지요. 하지만 영어표현은 What do you think of가 맞답니다. 문장을 만들어 봅시다.

너 이 수업에 대해 어떻게 생각하니?

Kong: How do you think of this class?

Eng: What do you think of this class?

콕콕 집어주는 용어사전

1. taste in music 음악의 취향

My taste in music has changed a lot.

나의 음악에 대한 취향은 많이 바뀌었어.

2. so often 그렇게 자주

I don't play the guitar so often.

난 기타를 그렇게 자주 치지는 않아.

3. the first 첫 번째

This is the first album that I bought.

이게 내가 산 첫 번째 앨범이야.

4. the best thing 제일 좋은 것

The best thing about it is the message.

여기서 제일 좋은 것은 그 메시지야.

WEEK 02-2
What kind of music do you like?

Today's Goal 주요학습내용

좋아하는 음악 / 의견 표현하기
좋아하는 가수 / 음치

Lecture

1. 어휘

lead singer 리드싱어
drummer 드럼 치는 사람
bass guitarist 베이스 기타리스트
orchestra 오케스트라
violinist 바이얼리니스트
tone deafness 음치
solo artist 솔로
keyboard player 건반 주자
group/ band 밴드
soloist 솔리스트
conductor 지휘자
carry a tune 한 곡조쯤 부를 수 있다
choir 합창단(발음에 유의하세요. ch가 /kw/발음이 나요)
songwriter 가요곡 작사/작곡가(singer-songwriter 가수이면서 작사/작곡자)
composer 작곡가(compose는 작곡하다)
me too 나도 역시(앞의 말이 긍정문)
me neither 나도 역시 아니야(앞의 말이 부정문)
sing the wrong musical notes 음을 틀리게 부르다

2. 구문

1) 노래 만들기

① 아래를 순서대로 나열해 볼까요? 친구와도 의논해 보세요. 사람마다 다를 수 있어요.

write the lyrics 가사를 쓰다

record a song 노래를 녹음하다

release a song 노래를 출시하다

choose a recording artist 녹음할 연주가를 고르다

the song becomes a hit 그 노래가 히트되다

write the music 작곡하다

② With a partner, write four questions about music using your vocabulary.

ex) Who's the lead singer of...?

Which composer wrote...?

Who recorded...?

2) 종류 나열하기

① 세계 곳곳, 오지에 가더라도 음악은 그들만의 표현으로 즐기고 있음을 볼 수 있어요. 어떤 종류의 음악을 좋아하는지 묻고 답해 봅시다.

What kind of music do you like?

Do you like classical music?

② 구체적으로 예를 들어 표현해 주는 '~와 같은'의 표현들을 익혀 봅시다.

'~와 같은' 스포츠를 좋아해요.

I really like sports such as basketball, table tennis, and baseball.

I love music like opera, choral music, and hiphop.

한두 개를 예로 든 이후에 '기타 등등, 그런 것들'(et cetera)의 뜻으로 and that sort of thing을 쓸 수 있어요.

I'm fond of bananas, tomatoes, and that sort of thing.

I like novels, poems, and that sort of thing.

이것만은 꼭!

that sort of thing은 그런 것들 있잖아, 뭐 그런 거.. 비슷한 종류들이라고 해서 회화에서 자주 사용할 수 있는 좋은 표현이예요. 모국어로도 생각안날 때가 있지만, 외국어(영어)로는 더더욱 표현이 생각나지 않을 때, 앞에 몇 가지 예를 들고 that sort of thing을 넣어보세요. 대화가 자연~스럽게 이어집니다.

내가 좋아하는 것들에 대하여 that sort of thing을 넣어서 문장들을 만들어 표현해 봅시다. (음식, 음악, 책 등)

I like ______________________.

I am fond of ______________________.

I really love ______________________.

3) 의견 표현하기

① 긍정서술문에 대한 의견 표현하기

A: I like classical music.

B: Wow, me, too.

C: Really? Actually, I don't.

② 부정서술문에 대한 의견 표현하기

A: I don't like rock-and-roll.

B: No, me neither.

C: Really? I do.

이것만은 꼭!

상대방의 말이 긍정문인 경우에 긍정의 뜻으로 맞장구칠 때는 me, too를, 상대방의 말이 부정문인 경우에 부정의 뜻으로 맞장구칠 때는 me, neither를 씁니다.

③ 친구와 내가 좋아하는 것을 이야기해 보고 그것에 대한 긍정/부정의 의견을 표시해 봅시다.

ex) I like Michael Jackson.

I don't like Lady Gaga.

④ 좋아하는 가수(그룹)에 대하여 이야기해 봅시다.

Who is your favorite singer? 네가 제일 좋아하는 가수는 누구니?

He's the lead singer of big Boys. 그는 빅보이즈의 리드싱어야.

They're my favorite band. 그들은 내가 제일 좋아하는 밴드야.

That song was a big hit before. 그 노래는 예전에 엄청 히트했었지.

여러분이 좋아하는 가수에 대하여 영어로 간략하게 소개해 봅시다. (5~10 문장)

____

____

____

____

5) 노래 한 곡조 해봐.

Can you carry a tune (sing a song) for us?
노래 한 곡조 해봐.

Sorry, I'm tone deaf. = I am a bad singer. = I can't carry a tune.
미안해요, 전 음치예요.

3. Practice

1) Pronunciation

① choir [kwaiər]

ch를 [ㅊ]로 발음해서 [쵸어]처럼 발음하기 쉬운데요, chore는 완전히 다른 뜻인 '집안일, 허드렛일'의 뜻이니 유의해서 발음해 봅시다.

② lyrics [líriks]

l 발음과 r 발음이 둘 다 들어있네요. 유의하여 발음해 봅시다.

③ band [bænd] / bend [bend]

이 두 발음은 a/e 모음의 차이가 있는데요, band에서는 bend보다 좀 더 입도 턱도 벌리고 긴장된 가운데 발음이 됩니다.

2) Short conversation

A: Who is your favorite singer?

B: I like ______________________. / I really love ____________.

A: Oh, ______________________.

3) Real life

아래 사진의 인물에 대하여 질문해 봅시다.

Who is he?

What kind of songs did he sing?

Do you remember anything about him?

Who are they?

Do you know any of their songs?

Which song do you like?

4) Conversation

Judy와 Chulmin은 노래방에 왔어요.

Chulmin: Judy, will you carry a tune?

Judy: Oh, sorry. I'm a bad singer.

Chulmin: Why not try? Who's your favorite singer?

Judy: Um... I like Girls' generation, but I can't carry a tune.
The song are too fast.

Chulmin: Okay. Then, I'll sing 'Go-hae'.
Do you know who composed this song?

Judy: I have no idea.

Chulmin: Jae-bum Lim did. I like the words of this song.

Quiz

1. 다음 중 비슷한 뜻의 표현이 아닌 것은?

   ① I'm a tone-deaf. ② I'm a bad singer.

   ③ I'm a solo artist. ④ I can't carry a tune.

2. 다음 괄호에 들어갈 어구를 고르세요.

   I like musicals (   ) 'The Cats' and 'The Phantom of Opera'.

   ① by ② so as

   ③ in order to ④ such as

3. Minsu와 Younghee는 둘 다 고전음악을 좋아하지 않습니다. 다음 대화에 적절한 것은?

   Minsu: I don't like classical music.

   Younghee: ________________.

   ① Me, too. ② Me, neither.

   ③ Yes, I do, too. ④ Yes, I don't, neither.

4. 다음 중 표현과 한국어 뜻이 맞게 짝지어지지 않은 것은?

   ① write the lyrics - 가사를 쓰다

   ② release the song - 노래를 녹음하다

   ③ the song becomes a hit - 그 노래가 히트되다

   ④ write the music - 작곡하다

5. 다음 뜻의 문장에서 괄호에 적절한 것을 고르세요.

   I like chocolates, donuts, candies, and (   ).

   난 초콜릿, 빵, 사탕, 그런 것들을 좋아해.

   ① them ② that sort of thing

   ③ that thing ④ kind of

Review

1. 좋아하는 음악에 대하여 말하기 ★★

I like k-pop stars such as Superjunior.

I love music like opera, choral music, and hiphop.

2. 맞장구치거나 다른 의견 말하기 ★★

A: I like classical music. 난 고전음악을 좋아해.

B: Wow, me, too. 와, 나도 그래.

C: Really? Actually, I don't. 그래? 사실, 난 안 좋아해.

3. 좋아하는 가수에 대하여 말하기 ★★

Who is your favorite singer? 네가 제일 좋아하는 가수는 누구니?

That song was a big hit before. 그 노래는 예전에 엄청 히트했었지.

4. 나 음치야. ★

I'm a bad singer.

I'm tone-deaf.

I can't carry a tune.

콩글리시와 잉글리시의 만남

고전음악을 말할 때 클래식 음악이라는 말을 흔히 하지만, 정확한 표현은 classical music입니다.

전 오페라같은 고전음악을 좋아해요.

Kong: I like classic music like opera.

Eng: I like classical music like opera.

콕콕 집어주는 용어사전

1. singer-songwriter 자작곡 가수

Yong-pil Cho is a singer-songwriter.

조용필은 자작곡을 하는 가수이다.

2. becomes a hit 히트되다

I believe that your song will become a hit.

네 노래는 분명 히트할 거야.

3. carry a tune 정확하게 노래하다, 한 곡조쯤 부르다

I can't carry a tune. 난 음치야.

4. that sort of thing 기타 등등, 그런 것들

I like novels, poems, and that sort of thing.

난 소설, 시, 그런 것들을 좋아해.

WEEK 03-1
Do you celebrate any holiday?

Today's Goal 주요학습내용

휴일의 영어이름 / 날짜를 표현하는 방법
휴일에 즐기는 음식 / 휴일에 하는 활동

Lecture

1. 어휘

crowded 사람이 많은	**independence** 독립
celebrate 지키다, 축하하다	**memorial** 기념하는
national 국가의	**flag** 기, 깃발
in honor of ~을 기념하여	**display** 보여주다
celebrate 축하하다	**lunar** 음력의

2. 구문

1) 휴일(Holiday)

holiday 휴일
national holiday 국경일
a memorial day, an anniversary 기념일

A: How many national holidays do we have next month?
다음 달에 국경일이 며칠이나 있지?

B: Let me see... Oh no, there isn't any national holiday next month.
어디 보자…. 에고, 다음 달에는 국경일이 없어.

빨간 글씨로 표시된 국경일은 누구나 기다려지는 날이지요? 각 국경일의 영어이름을 알아봅시다. 첫글자는 반드시 대문자로 쓴답니다.

New Year's Day January 1st, 새해(신정)

the lunar New Year's Day;
the New Year[New Year's Day] by the old[lunar] calendar 구정

New Year's Day는 새해인데, 우리나라는 특히 음력으로 쇠는 구정을 영어로도 알아두어야 겠지요. lunar는 '음력의'라는 뜻이 있으므로, the lunar를 New Year's Day 앞에 붙이거나 New Year's Day 뒤에 by the lunar calendar라고 할 수도 있습니다.

Independence Movement Day March 1st, 삼일절

우리나라에만 있는 날이겠지요. 3월 1일에 독립운동을 기념한 것으로 따라서 기념일 이름에 날짜가 들어있어요.

Buddha's Birthday 석가탄신일

Children's Day May 5th, 어린이날

Memorial Day June 6th, 현충일

현충일은 여러 나라에서 기념하여 지키고 있는데요, 나라를 위해 목숨을 바친 사람들을 기억한다는 의미로 'memorial'(기념하는)을 활용합니다.

Liberation Day (of Korea) August 15th, 광복절

National Foundation Day 개천절

Christmas December 25th, 크리스마스

참고 Independence declared: March 1, 1919 (de jure)
Liberation: August 15, 1945
First Republic: August 15, 1948
독립선언: 1919년 3월 1일
광복: 1945년 8월 15일
제1공화국 정부수립: 1948년 8월 15일

National은 '국가적인, 국가의'이고 Foundation은 설립이란 뜻입니다. 그런가 하면, 휴가는 vacation이라고 합니다. 학생에게는 긴 휴가인 여름방학은 summer vacation, 겨울방학은 winter vacation입니다.

이것만은 꼭!

휴일의 이름은 꼭 대문자로 시작하고, Day 역시 대문자로 시작합니다.
추석은 영어이름에 대해 의견이 분분해요. Korean Thanksgiving Day로 쓰기도 하고, 우리나라 추석은 미국의 추수감사절과는 다르다고 Chuseok으로 쓰기도 합니다.

2) 날짜(Dates)

날짜를 영어로 표현해 봅시다.

What are the dates of these holidays?
이 휴일들은 날짜가 어떻게 되나요?

날짜를 이야기할 때 달을 먼저 쓰고 일은 서수로 씁니다. 즉, 3월 1일은 March 1st, 11월 29일은 November 29th가 되지요. 나의 생일은 영어로 어떻게 쓰고 말하는지 만들어 봅시다.

When is your birthday? 너 생일이 언제니?
My birthday is November 29th. 내 생일은 11월 29일이야.

When is the lunar New Year's Day this year? 올해 구정은 언제인가요?
It's January 25th. 1월 25일이에요.

이것만은 꼭!

우리나라는 양력과 음력 날짜(lunar calendar)를 사용하고 있습니다. 음력을 말할 때는 lunar(음력의)를 앞에 넣어서 음력의 날짜임을 나타낼 수 있습니다.

Today is the lunar New Year's day, a holiday for us Koreans.
오늘은 음력설로 우리 한국인에게는 휴일이다.

다음 질문에 대하여 묻고 답하는 대화를 만들어 봅시다.

When is National Foundation Day?
When is Liberation Day?
When is your birthday?
When is your wedding anniversary? 결혼기념일이 언제인가요?

3) 음식(Food)

휴일하면 먹는 즐거움을 빼놓을 수 없지요. 떠올리면서 이야기해 볼까요?

Do you celebrate any of these holidays? Which one(s)?
이 중에서 어떤 휴일을 지키나요?

What kind of food do you make(enjoy) in that day?
그 날에는 어떤 종류의 음식을 만드나요(즐기나요)?

We make Song-pyeon together. 우리는 송편을 같이 만들어요.

I make chocolates. 전 초콜릿을 만들어요.

I can eat lots of food such as Korean cake, Bulgogi, and Korean pizza.
떡이나 불고기, 전과 같은 많은 음식을 먹을 수 있어요.

쌀/밥 종류(Rice dishes)

떡볶이: Spicy rice & cake strings

(김치)볶음밥: (Kimchi) Fried rice

비빔밥: Bibimbab (Rice mixed with meat, seasoned vegetables and egg)

김밥: Korean roll

죽 종류(Porridge dishes)

닭죽: Chicken porridge

호박죽: Pumpkin porridge

잣죽: Pine nut porridge

야채죽: Vegetable porridge

국수 종류(Noodle dishes)

콩국수: Bean noodles

짜장면: Chinese style noodles

반찬(a side dish)

계란말이: Folded egg

마늘장아찌: Pickled garlic

시금치무침: Seasoned spinach

콩: soybean

군만두: Fried dumplings

콩나물무침: Seasoned bean sprouts

계란찜: Steamed egg

국과 찌개류(soup & paste)

된장: soybean paste　　　　된장국: bean-paste soup

고춧가루: red pepper　　　　고추장: red pepper paste / hot pepper paste

이것만은 꼭!

한국 음식은 본래 영어로 이름이 없기 때문에 적절하게 설명할 수 있도록 만들어서 설명하고 있어요. 이를테면, '떡'은 Rice cake(tteok)로 이야기하는데, 좀 더 설명을 덧붙인다면 'sticky'(쫀득쫀득한)와 같은 형용사를 넣을 수 있겠죠. '전'도 정확한 표현은 없어서 Jeon(Korean pizza) 정도로 이야기를 한답니다. 식혜는 영어로 뭐라고 할까요? 발효하고 뭐도 넣도 뭐도 넣고…. 너무 복잡하게 생각하지 말고, 큰 특징을 기억해 봅시다. sweet rice juice 정도면 될 것 같네요.

4) Activity

휴일에는 어떤 일을 하면서 보내나요? 여러 표현을 살펴봅시다.

What do you do on the Independence Day?
광복절에는 무엇을 하니?

이것만은 꼭!

특별한 날 앞에는 전치사 on을 사용합니다. 휴일 앞에는 on을 써 주면 됩니다.

We display Taegeukgi(the national flag) in honor of the Liberation Day.
우리는 광복절을 축하하여 국기를 게양한다.

We hold a commemorative ceremony.
우린 기념식을 한다.

Our family members get together.
우리 가족들은 다 모여요.

hold a memorial service 제사를 지내다
visit my grandmother's grave 할머니 산소에 가다

이것만은 꼭!

제사를 지내거나 산소에 가다라는 표현도 영어에는 일상적이지 않은 표현입니다. Memorial service는 외국에서는 추도식처럼 쓰일 수도 있는데, 우리나라에서는 제사를 지내다라는 뜻으로 사용해도 되겠습니다.

Where's a good place to ~?: ~하는 데 좋은 장소는 어디인가요?

Where's a good place to take children?
아이들을 데리고 가기 좋은 곳은 어디죠?

Where's a good place to take my family?
가족을 데리고 가기 좋은 곳은 어디죠?

Where's a good place to spend Christmas?
크리스마스를 보내기 좋은 곳은 어디죠?

I usually go to an amusement park on Children's Day.
전 어린이날에는 보통 놀이공원에 가요.

amusement park 놀이공원
the movies 극장
Jamsil Sports Complex 잠실 종합운동장
art museum 미술관 (museum은 박물관)
aquarium 수족관, 아쿠아리움

What do you do on ~?(~에 무엇을 하나요?), Where's a good place to ~?(~하는 데 좋은 장소는 어디인가요?)를 넣어서 대화문을 만들어 봅시다.

3. Practice

1) Pronunciation

'떡'을 이야기할 때 사용한 sticky의 앞쪽 발음은 [스티]일까요 [스띠]일까요? 정답은 [스띠]가 맞습니다. s 다음에 p, t, k가 오면 이 [p, t, k]는 된음처럼 발음이 나게 됩니다. 아래를 연습해 봅시다.

sports, spa
story, star
sky, school

2) Short conversation

좋아하는 휴일을 이야기하면서 다음 표를 채워 봅시다. 내가 좋아하는 휴일, 휴일에 먹는 음식, 활동이 있다면 적어 봅시다.

Favorite holiday	Favorite holiday food	Favorite holiday activity

3) Conversation

Jini: Dave, do you have any plan for Children's Day?

Dave: Oh, you know, I have two children. They want to go out.

Jini: So where do you plan to go?

Dave: I'm thinking of going to the amusement park.

Jini: Wow, I'm afraid that it will be too much crowded.

Dave: Um... I think so, too. Then, what about you? Do you have any other plan?

Jini: Well, we'll go to the nearby restaurant. We'll enjoy Italian food such as pizza and pasta.

Dave: That's great.

휴일에 하는 일이나 종종 가는 곳에 대해 이야기해 봅시다.

Quiz

1. 다음 문장에서 괄호에 알맞은 전치사는?

   What do you do (   ) Christmas?

   ① in　　② on

   ③ by　　④ from

2. 다음 중 날짜와 휴일이 맞게 짝지어지지 않은 것은?

   ① Independence Movement Day - March 1st

   ② Children's Day - May 5th

   ③ Liberation Day - August 15th

   ④ Christmas - November 25th

3. 다음 날짜 표현 중 맞게 된 것은?

   ① May five　　② Five May

   ③ May 5　　④ May of 5th

4. 다음 음식에 대한 표현 중 올바르지 않은 것은?

   ① 호박죽 - pumpkin porridge　　② 김치볶음밥 - kimchi fried rice

   ③ 콩국수 - Bean noodles　　④ 짜장면 - Hot pepper noodles

5. 개천절의 맞는 표현은?

   ① National Foundation Day　　② Founded Day

   ③ Memorial Day　　④ Memo of Day

Review

1. 휴일 표현 ★★

New Year's Day 새해(신정)

Independence Movement Day 삼일절

Memorial Day 현충일

National Foundation Day 개천절

the lunar New Year's Day 구정

Buddha's Birthday 석가탄신일

Liberation Day 광복절

2. 날짜 표현하기 ★

What are the dates of these holidays? 이 휴일들은 날짜가 어떻게 되나요?

When is the lunar New Year's Day this year? 올해 구정은 언제인가요?

It's January 25th. 1월 25일이에요.

3. 음식에 대한 이야기 ★

What kind of food do you make(enjoy) in that day?
그날에는 어떤 종류의 음식을 만드나요(즐기나요)?

We make Song-pyeon together. 우리는 송편을 같이 만들어요.

I make chocolates. 전 초콜릿을 만들어요.

I can eat lots of food such as Rice cake(tteok), Bulgogi, and Jeon(Korean pizza).
떡이나 불고기, 전과 같은 많은 음식을 먹을 수 있어요.

4. 활동에 대한 이야기 ★★

What do you do on Liberation Day? 광복절에는 무엇을 하니?

We display Taegeukgi (the national flag) in honor of the Independence Day of Korea.
우리는 광복절을 축하하여 국기를 게양한다.

We hold a commemorative ceremony. 우린 기념식을 한다.

Our family members get together. 우리 가족들은 다 모여요.

콩글리시와
잉글리시의
만남

남녀의 소개팅을 우리나라에서는 미팅이라고 종종 하는데요, 소개팅이나 누군가의 주선으로 선을 보는 것을 영어로는 blind date라고 합니다. 누군지 모르는 상태에서 (눈을 가리고) 가서 데이트를 한다는 뜻이지요.

남동생한테 소개팅을 시켜주고 싶어요.
Kong: I want to set my younger brother up on a meeting.
Eng: I want to set my younger brother up on a blind date.

콕콕
집어주는
용어사전

1. **hold a memorial rite[service] 제사를 지내다**
   Let's hold a memorial rite[service] on Chuseok.
   추석에는 제사를 지내자.

2. **lunar 음력의**
   When is the lunar New Year's Day this year?
   올해 구정은 언제인가요?

3. **national 국가의**
   We display Taegeukgi(the national flag) in honor of Liberation Day of Korea.
   우리는 광복절을 축하하여 국기를 게양한다.

4. **independence 독립**
   August 15th is the Independence Day of Korea.

WEEK 03-2
What's the best holiday you've ever had?

Today's Goal 주요학습내용

휴일에 대한 경험 나누기 / 여행에서 중요한 것
나의 여행에서 필요한 것 / 안부인사

Lecture

1. 어휘

luxurious 호화로운	**accommodation** 숙박시설
adventure 모험	**excitement** 흥미진진
sightseeing 관광	**delicious** 맛있는
scenery 경치	**priority** 우선순위
company 동행(친구)	**all the best** 안녕(잘 가)/행운을 빕니다

2. 구문

1) 휴일에 대한 경험 나누기 (Sharing your experience on holidays)

여러분은 휴가에 대한 좋은 기억들이 있나요? 그것을 영어로 표현해 볼까요?

What's the best holiday you've ever had?
당신이 보냈던 최고의 휴일은 어떤 날이었나요?

Where did you stay, and who did you go with?
어디서 누구와 보낸 것이었나요?

Have you been on any of these holidays?
아래와 같은 휴가를 보낸 적이 있나요?

Do you remember any of the holidays which you didn't enjoy?
즐겁지 않았던 휴일도 기억하나요?

---

a beach holiday 해변에서의 휴일
a holiday in the desert /dézət/ 사막에서의 휴일
a skiing holiday 스키 타러 갔던 휴일
a walking and camping holiday 걷고 캠프하던 휴일
a sailing holiday 항해 갔던 휴일
a sightseeing holiday 관광을 다녀왔던 휴일

이것만은 꼭!

국가공휴일은 national holiday로, 일반적인 휴일(개인적인 월차, 여러 가지의 휴가 등)은 holiday로 하면 되겠습니다. 뭐든지 국가에서 하는 것은 national을 붙이지요. (national university 국립대학교, national institute 국가기관)

2) 여행에서 중요한 것 (The important thing)

즐겁고 잊지 못하는 여행이 있었다면, 왜 그랬던 것 같나요? 가장 중요했던 것들을 생각해 볼까요?

Choose the most important three things in the list to spend your holiday. Put a cross (x) for two things that aren't important. What are your reasons? 당신의 휴일을 보낼 때, 다음 중 3가지 중요한 것들을 골라 보고, 별로 중요치 않다고 생각하는 2가지를 X표 해 보세요. 이유는 무엇인가요?

- ☐ luxurious accommodation 호화로운 숙박시설
- ☐ interesting places to go sightseeing 관광 가기 좋은 명소들
- ☐ adventure and excitement 모험과 흥미진진한 일들
- ☐ good company (friend) 좋은 동행(친구)
- ☐ great beaches 멋진 해변
- ☐ delicious food 맛있는 음식
- ☐ good weather 좋은 날씨
- ☐ peace 평화로움
- ☐ wonderful scenery 멋진 풍경
- ☐ interesting performance 재미있는 공연

Imagine you are going to stay in a suite room of luxurious hotel. List five things you would expect to find in the suite. 호화로운 호텔의 스위트룸에 머문다고 가정해 봅시다. 스위트룸에 있을 만한 5가지 물건들을 이야기해 봅시다.

double room 2인용 침대가 있는 방
twin-bed room 1인용 침대 둘이 있는 방
single room 1인실
triple room 3인실
suite 침실, 거실, 응접실 및 화장실이 있는 방

3) 나의 여행 (My travel)

여행갈 때 중요한 것이 뭐라고 생각하나요? 문장으로 만들어 봅시다.

I think the most important thing is ...
난 ~이 제일 중요하다고 생각해.

You don't need ...
넌 ~할 필요는 없어.

... is a priority.
~가 우선순위야.

The best thing about it is ...
제일 중요한 것은 ~야.

I think the most important thing is wonderful scenery.
난 제일 중요한 것이 멋진 풍경이라 생각해.

Good company(friend) is a priority for me.
좋은 친구와의 동행이 내게는 제일 중요한 거야.

The best thing about it was the delicious food.
가장 좋았던 것은 맛있는 음식이었어.

You don't need luxurious accommodation.
호화로운 숙박시설은 필요없어.

내가 생각하는 이상적인 여행에 대해서 자유롭게 이야기해 볼까요?

이것만은 꼭!

가장 중요한 것은 the most important thing입니다. 가장 중요한 사람은 the most important person. 참고로 VIP는 a very important [influential] person이죠.

4) 안부인사 (Greeting)

외국 여행 중에 아는 사람들에게 이메일을 보낼 때가 있지요. 그런데 외국의 컴퓨터에서는 한글을 쓸 수 없는 경우가 종종 있어요. 가족, 친구, 직장 동료 등에게 보낼 때 영어로 써야 하는데요, 여행에 대한 짤막한 내용이 담긴 이메일을 써봅시다. 아니면 휴대폰 문자메시지로 간단한 안부인사를 보내어도 되고요.

인사(Greetings)

Hi, Juyoung　　Hello, Youngju　　Dear Jane

마침인사(saying goodbye)

See you next week [next month] 다음 주[다음 달]에 만나

All the best 안녕(잘 가)/행운을 빕니다

Take care 잘 있어/ 몸조심해

Bye for now 안녕

You can use short phrases instead of sentences, like this. 아래와 같이, 긴 문장 대신 짧은 구를 쓸 수도 있어요.

Lovely weather! 사랑스런 날씨!

Delicious food! 맛난 음식!

Great beaches! 멋진 해변!

Having a great time! 멋진 시간을 보내고 있어!

멋진 여행길을 상상하면서, 가족이나 아는 사람들에게 영어로 이메일을 통해 아래 내용들 중 일부를 넣어 써 봅시다.

the place 장소

the food 음식

interesting or funny things 재미있는 일들

the most wonderful thing 가장 놀라운 것

what I did 내가 했던 것들

이것만은 꼭!

휴대폰 사용이 많아지면서 짧게 줄여서 보내는 문자메시지가 인기를 끌고 있지요. 굳이 긴 문장으로 하지 않아도, 짧은 어구들로 내 의견, 느낌 등을 잘 전달하는 것도 의사소통의 중요한 기술이지요.

Wonderful day! 멋진 날!
Nice trip! 좋은 여행!

3. Practice

1) Pronunciation

luxury [lʌkʃəri]와 luxurious [lʌgúəriəs] 발음을 유의하여 발음해 봅시다. 명사(luxury)에서는 첫음절인 lu에 강세가 있고, 형용사(luxurious)에서는 두 번째 음절 xu에 강세가 있어요.

2) Short conversation

A: What is your priority in your life?
너의 인생에 있어 너의 우선순위는 무엇이니?

B: My priority is my health and family.
나의 우선순위는 내 건강과 가족이야.

A: What was the best holiday you've ever had?
네가 보내었던 최고의 휴일은 어떤 날이었니?

B: The trip to Europe was the best holiday.
유럽에 여행 간 것이 최고의 휴일이었어.

A: How was your trip to Europe?
유럽 여행은 어땠니?

B: I could enjoy the beautiful scenery.
아름다운 풍경을 즐길 수 있었어.

A: How was the hotel you stayed?
네가 묵었던 호텔은 어땠니?

B: It was so luxurious.
아주 호화로웠어.

위의 질문에 대하여 옆의 사람과 묻고 답해 봅시다. 인생의 우선순위는 무엇인지, 기억나는 여행은 어떤 것인지 이야기해 봅시다.

3) Conversation

Jini와 Chulmin의 대화입니다. 여행에 대한 대화는 항상 즐겁죠. 지난 아름다운 추억을 생각하게 되니까요.

Jini: Chulmin, What's the best holiday you've ever had?
Chulmin: The trip to Philippines.
Jini: Oh, really? Can you tell me more about that?
Chulmin: The accommodation was not luxurious.
Actually, there were some lizards in my room.
Jini: Oh, no.
Chulmin: However, I could meet the native people and talk with them.
Besides, I could enjoy the beautiful scenery.
Jini: Nice!
Chulmin: Some day in the future, I want to visit there again!
Jini: Let's go with me. I need a good company.
Chulmin: Of course.

Quiz

1. 다음 중 어휘의 뜻이 적절하게 연결되지 않은 것은?

   ① scenery - 관광　　② performance - 공연

   ③ adventure - 모험　　④ excitement - 흥미진진

2. 이메일이나 엽서 등의 마침인사로 적절하지 않은 것은?

   ① All the best　　② Take care

   ③ Bye for now　　④ Dear

3. 다음 중 영어와 해석이 맞게 짝지어지지 않은 것은?

   ① Great beaches! - 멋진 해변!

   ② Having a great time! - 멋진 시간을 보내고 있어!

   ③ Lovely weather! - 사랑스런 날씨!

   ④ Luxury adventure! - 호화로운 숙박시설!

4. 다음 문장에서 해석을 볼 때 괄호에 가장 적절한 단어는?

   I think the (　　　　) important thing is wonderful scenery.

   난 제일 중요한 것이 멋진 풍경이라 생각해.

   ① good　　② well

   ③ worst　　④ most

5. 다음 문장에서 해석을 볼 때 괄호에 가장 적절한 단어는?

   Good (　　　　) is a priority for me.

   좋은 친구와의 동행이 내게는 우선되는 것이야.

   ① accommodation　　② company

   ③ hotel　　④ luxury

Review

1. 휴일에 대한 경험 ★★

What's the best holiday you've ever had? 당신이 보냈던 최고의 휴일은 어떤 날이었나요?

Where did you stay, and who did you go with? 어디서 누구와 보낸 것이었나요?

Have you been on any of these holidays? 아래와 같은 휴가를 보낸 적이 있나요?

2. 중요한 것 이야기하기 ★

luxurious accommodation 호화로운 숙박시설

interesting places to go sightseeing 관광 가기 좋은 명소들

adventure and excitement 모험과 흥미진진한 일들

good company(friend) 좋은 동행(친구)

great beaches 멋진 해변

good weather 좋은 날씨

wonderful scenery 멋진 풍경

delicious food 맛있는 음식

peace 평화로움

interesting performance 재미있는 공연

3. 나의 여행 이야기 ★★★

I think the most important thing is wonderful scenery.
난 제일 중요한 것이 멋진 풍경이라 생각해.

Good company (friend) is a priority for me.
좋은 친구와의 동행이 내게는 제일 중요한 거야.

I think you have to have some adventure.
넌 모험을 좀 해 보는게 필요하다고 생각해.

You don't need luxurious accommodation.
호화로운 숙박시설은 필요없어.

4. 안부인사 보내기 ★★

See you next week [next month] 다음 주[다음 달]에 만나

All the best 안녕(잘 가)/행운을 빕니다

Take care 잘 있어/ 몸조심해

Lovely weather! 사랑스런 날씨!

Great beaches! 멋진 해변!

Bye for now 안녕

Delicious food! 맛난 음식!

Having a great time! 멋진 시간을 보내고 있어!

콩글리시와 잉글리시의 만남

동아리를 영어로 써클이라고 많이들 이야기하는데요, 더 정확한 영어표현으로는 club이 좋겠습니다.

넌 어떤 종류의 동아리에 가입하고 싶니?
Kong: What kind of circle do you like to join?
Eng: What kind of club do you like to join?

콕콕 집어주는 용어사전

1. **accommodation 숙박시설**
   four lift tickets and accommodation.
   리프트 4장과 숙박시설이요.

2. **priority 우선순위**
   Club members are given priority.
   클럽 회원들에게 우선권이 주어진다.

3. **adventure 모험**
   A journey to the interior of Africa is a life-staking adventure.
   아프리카 오지로의 여행은 목숨을 건 모험이다.

4. **scenery 경치**
   The scenery is magnificent.
   경치가 굉장하다.

WEEK 04-1
The Problems at Home

Today's Goal 주요학습내용

집안의 문제들 / 사람 불러야겠네요

Lecture

여러분의 집에서, 또는 외국 여행에서 숙소나 숙박시설에서 문제가 생겼을 때 영어로 적절하게 문제들을 이야기해 봅시다. 또한 필요하다면 이에 대한 도움을 요청해요.

1. 어휘

properly 적절하게
cockroach 바퀴벌레
air-conditioner 에어컨
plunger 하수구 청소기/ 흡입식 하수 청소봉
opener 여는 도구
leak 새다, 누설되다
exterminate 박멸하다
clog 고장 나다
drain 하수구
remote control 리모컨

2. 구문

1) 집안의 문제들

집안에 있는 여러 가지 설비들이 문제가 생겼을 때 쓸 수 있는 표현들입니다.

work 작동하다	**order** 질서, 배열

It doesn't work. 작동이 되지 않다.

It is out of order. 고장이 나다.

I'm having problems with the bathroom taps.
욕실 수도꼭지에 문제가 생겼어요.

The TV isn't working properly.
텔레비전이 잘 작동이 안 되고 있어요.

The washing machine is leaking.
세탁기가 물이 새고 있어요.

The phone is out of order.
전화기가 고장 났어요.

I'm having problems locking the front door.
앞문이 잠기질 않아요.

There's something wrong with the remote control.
리모컨에 문제가 생겼어요.

I have mice and cockroaches in my kitchen!
부엌에 쥐와 바퀴벌레들이 있어요!

Please exterminate them for me!
제발 좀 박멸해 주세요!

The air-conditioner isn't working.
에어컨이 작동이 안 되고 있어요.

My children and I are very hot.
아이들과 저는 너무 더워요.

The toilet is completely clogged!
변기가 완전히 막혔어요!

The plunger and drain opener aren't working.
하수구 청소기와 하수관 여는 도구(열개)가 작동이 안 돼요.

A: The phone is out of order. What can I do?
전화가 고장이 났어요. 어떻게 해야 하죠?

B: You could use your cell phone.
If you are afraid of the rate, you can use the pay phone.
휴대폰을 쓸 수 있죠. 요금이 걱정된다면, 공중전화를 이용할 수 있어요.

A: What shall I do? The toilet is completely clogged!
어떡하죠? 변기가 완전히 고장 났어요!

B: You should call the front desk.
프런트 데스크에 전화해야겠어요.

이것만은 꼭!

영어회화를 잘하는 한 가지의 방법은 문장을 읽을 때 상황을 연상하면서 최대한 감정과 느낌을 살려서 읽는 것이에요. 무던하게 문장을 읽지 말고, 실제로 이런 문제들이 발생했다고 생각하면서 다급한 목소리로 표현해 봅시다.

2) 사람 불러야겠네요

혼자서 해결이 되지 않을 때, 도움을 청하는 표현들을 해봅시다. 아래 구문을 사용해 봅시다.

get 목적어 **to** 부정사 **ask** 목적어 **to** 부정사

I'll ask my mother to help me.
엄마에게 좀 도와달라고 해야겠어요.

I'll get my elder brother to fix it.
오빠에게 이거 좀 고쳐달라고 할 거예요.

A: I'll get someone to have a look at it.
누구 좀 불러서 이거 봐 달라고 해야겠어요.

B: Thank you so much.
네, 감사합니다.

A: I'll ask the electrician to come and repair it.
기술자에게 와서 좀 고쳐달라고 할게요.

B: That's a good idea.
좋은 생각이에요.

A: Could you get someone to have a look at it?
누구 좀 와서 봐 달라고 해주시겠어요?

B: Yes, of course.
네, 물론이죠.

앞에서 나왔던 여러 가지 문제들 중 2~3가지를 옆 사람과 이야기하면서, '사람을 불러와야겠다.'는 조언을 상대방에게 하면서 대화를 만들어 봅시다.

이것만은 꼭!

누구 좀 불러주실래요? 할 때 가까운 사이에는 Can you~로 물어보고, 상대방에게 공손하게 요청할 때는 Could you~로 물어볼 수 있습니다.

3. Practice

1) Pronunciation

발음이 좀 어려운 단어들이 있네요. 아래 단어들을 발음기호에 유의하여 읽어봅시다.

cockroach [kàkròutʃ]

pesticide [péstisàid]

plunger [plʌndʒər]

2) Short conversation

각자의 집에서 발생하곤 했던, 혹은 여행 중에 머물렀던 호텔이나 콘도, 빌라 등에서 발생했던 문제들을 떠올려 봅시다. 그리고 영어로 이야기해 봅시다.

A: Do you remember any of the problems in your house?
집안에서 생겼던 문제들 중 생각나는 거 있니?

B: Yes, when I was alone at home, the air-conditioner didn't work. It was a very hot summer day.
응, 내가 집에 혼자 있을 때 에어컨이 작동 되지 않았어. 정말 더운 여름날이었고.

A: Did you have any problem in your residence abroad?
외국에 거주지에서 문제가 있었던 것이 있니?

B: Yes. When I visited China, there was a problem with the toilet.
응, 내가 중국에 갔을 때 변기에 문제가 있었어.

다음을 서로 관련 있는 문장끼리 연결해 봅시다.

① I'm having problems with the bathroom taps.
② The TV isn't working properly.
③ The phone is out of order..
④ The washing machine is leaking.
⑤ The fan isn't working.
⑥ I'm having problems locking the front door.
⑦ There's something wrong with the iron.

ⓐ I can't call my family.

ⓑ They keep dripping and I can't turn them off.

ⓒ the living room is incredibly hot.

ⓓ I can't turn the key.

ⓔ we can only get one channel.

ⓕ It's just not getting hot enough.

ⓖ there's water all over the floor.

Answer: ①-ⓖ, ②-ⓔ, ③-ⓐ, ④-ⓑ, ⑤-ⓒ, ⑥-ⓓ, ⑦-ⓕ

3) Conversation

Tom: Samson Exterminators. How may I help you?

Cindy: Hello, My name is Cindy, and I have a problem.

Tom: What's the matter, Ms. Cindy?

Cindy: I have cockroaches in my kitchen! Can you help me?

Tom: Yes, I can. What's your address?

Cindy: 19 Valley Road. What time can you arrive here?

Tom: I can come at 11:30.

Cindy: Thank you so much! Please exterminate them for me!

Tom: Don't worry.

Quiz

1. 다음 문장에서 괄호에 알맞은 전치사는?

   There's something wrong ( ) the remote control.
   리모컨에 문제가 생겼어요.

   ① in ② with
   ③ by ④ from

2. 다음 중 어휘와 뜻이 잘 짝지어지지 않은 것은?

   ① clog - 고장나다 ② drain - 하수구
   ③ plunger - 전기기술자 ④ exterminate - 박멸하다

3. 다음 문장의 뜻에 맞게 영작할 때 괄호에 적절한 것은?

   The phone is ( ) order. What can I do?
   전화가 고장이 났어요. 어떻게 해야 하죠?

   ① in ② breaked
   ③ out of ④ by

4. 다음 문장에서 괄호에 가장 적절한 것은?

   I'll ask the electrician ( ) and repair it.
   기술자에게 와서 좀 고쳐달라고 할게요.

   ① come ② to come
   ③ came ④ comes

5. 다음 표현 중 어법상 적절하지 않은 것은?

   ① I'll get my elder brother fixed it.
   ② The toilet is completely clogged!
   ③ The plunger and drain opener aren't working.
   ④ My children and I are very hot.

Review

1. 집안의 문제들 ★★

The washing machine is leaking.
세탁기가 물이 새고 있어요.

The phone is out of order.
전화기가 고장났어요.

I'm having problems locking the front door.
앞문이 잠기질 않아요.

There's something wrong with the remote control.
리모컨에 문제가 생겼어요.

I have mice and cockroaches in my kitchen!
부엌에 쥐와 바퀴벌레들이 있어요!

Please exterminate them for me!
제발 좀 박멸해 주세요!

2. 사람 불러야겠네요 ★★

I'll get someone to have a look at it.
누구 좀 불러서 이거 봐 달라고 해야겠어요.

I'll ask the electrician to come and repair it.
기술자에게 와서 좀 고쳐달라고 할게요.

Could you get someone to have a look at it?
누구 좀 와서 봐 달라고 해 주시겠어요?

콩글리시와
잉글리시의
만남

멀미하거나 음식물을 토하게 될 때 우리말로 '오바이트'한다는 말을 가끔 듣지요. '오바이트'가 'over eat'에서 유래되었다고 많이 알려져 있는데, Eat 하는 것을 over했다는 뜻이지요. 그런데 또 다른 유래로는 'over heat'(과열)라는 표현에서 왔다는 의견도 있습니다. 자동차 엔진이 과열하면 냉각기(radiator) 안의 압력이 올라가면서 물이 뿜어져 나오는데, 그 모습에서 '오바이트'가 유래되었다는 것이죠. 여하튼, '토하다'는 바른 영어표현은 'vomit' 입니다.

나 토할 것 같아요.
Kong: I feel like overeat.
Eng: I feel like vomiting.

콕콕
집어주는
용어사전

1. leak 새다
The washing machine is leaking.
세탁기가 물이 새고 있어.

2. work 작동하다
Can you help me? My computer doesn't work.
나 좀 도와줄래? 내 컴퓨터가 작동이 안 돼.

3. exterminate 박멸하다
We need to exterminate them.
저것들을 박멸해야겠구나.

4. wrong 잘못된
There's something wrong with the iron.
다리미에 뭐가 잘못되었나 봐.

WEEK 04-2
Problems in Travelling

Today's Goal 주요학습내용

공항에서 가방의 중량 초과 해결하기
인터넷 연결하기 / 계산에 대한 대화

Lecture

1. 어휘

weight 무게
extra 여분의
remove 없애다
hold 잡다
configure 설정하다
properly 적절히
signal 신호
access (인터넷에) 접속하다, 연결되다
include 포함하다
correct 바로잡다
limit 한계
things 물품
go ahead 그렇게 하다, 계속하다
about 대략
wireless 무선의
laptop 노트북 컴퓨터
right away 바로
check (=bill) 계산서
charge (요금을) 부과하다
right away 즉시

2. 구문

1) 공항에서 가방의 중량 초과

공항 카운터에서 수속을 하려는데 가져간 가방이 허용중량을 초과했다면서 비용을 더 내라고 합니다. 얼마나 초과했는지 물어보고 요금을 더 낼 수도 있고, 아니면 필요 없는 물건을 뺄 수도 있습니다. 미리 여행 짐을 꾸릴 때 용량 초과가 되는지 계산을 잘 해서, 초과되는 무게만큼은 비행기 내에 가지고 들어갈 수 있는 가방에 넣는 방법도 있지요.

비행기에서나 호텔에서나 '수속하다'라는 표현은 'check-in'을 사용합니다. Check는 뭔가가 제대로 된 건지, 이상이 없는지 확인할 때 쓰는 동사로, 가방에 대해서는 cheek (in) one's bag으로 쓰고 사람일 경우에는 문제가 없는지 확인한 다음 안으로 들어가거나 혹은 들여보낸다는 의미를 강조해 in을 넣어 check in으로 씁니다.

Where do I check in for flight AC278?
AC278편 비행기 수속 어디서 해요?

Where is the check-in counter of this hotel?
여기 호텔의 체크인 카운터가 어디인가요?

Staff: How many bags are you going to check?
가방 몇 개나 수속하실 건가요?

Traveler: Just one. / Two bags.
하나만요. / 두 개요.

over 하면 '~을 초과하는'의 뜻이 있지요. Over the limit은 제한을 넘어선(over) 상태를 나타내는 것으로, 수하물의 크기가 초과된 경우면 over the size limit, 자동차가 과속한 경우엔 over the speed limit이 됩니다.

Please don't drive over the speed limit.
제발 과속으로 운전하지 말아 줘.

weight(무게)는 how much로 이야기합니다.

Staff: Oh, your bag is over the weight limit.
음, 가방 무게가 초과되었네요.

Traveler: By how much?
얼마나 많이요?

'대략'은 about(=around)입니다. 초과된 무게에 대해서는 돈을 지불해야 하지요.

Staff: About 6 pounds. You'll have to pay $25 for the extra weight.
6파운드 정도요. 초과된 부분에 대해서는 25달러를 지불해야 합니다.

Traveler: Yes, here it is.
네, 여기 있어요.

또는 이렇게 답할 수도 있어요.

Traveler: Can I just remove some of the things in the bag?
가방에서 제가 물건 좀 빼도 될까요?

Staff: Sure, go ahead.
물론이죠, 그렇게 하세요.

go ahead는 앞에 말한 것, 또는 하는 일을 계속하라는 뜻으로 쓰입니다. 네가 하던 일을 계속해라. 하려고 하던 일을 하라 등의 의미로 씁니다.

참고 수화물은 항공사마다 다르지만 이코노미 기준으로 보통 50파운드(대략 23kg) 내외로 중량 제한을 두며 무게가 초과되면 요금을 추가로 내야 합니다. 비싼 편이기 때문에 미리 항공사 규정을 알아보고 짐을 꾸리도록 합니다.

2) 인터넷 연결하기

요즘은 외국 여행에서 노트북과 인터넷 연결은 필수이지요. 물론 스마트폰이나 여러 기기들도 있지만, 여하튼 인터넷 연결이 안 돼면 디지털 불안증이라는 것이 생겨서 여행 때에도 필수적으로 인터넷 연결을 확인하게 됩니다.

자, 그런데 호텔 방마다 무선 인터넷이 된다고 들었는데 막상 도착해 노트북을 켜니 접속이 되지 않아요. 프런트에 전화를 걸어 문제를 설명하고 도움을 요청해 봅시다.

Hotel Clerk: How may I help you?
뭘 도와드릴까요?

Traveler: I can't access the Internet from my laptop.
제 노트북 컴퓨터에서 인터넷이 연결이 안 되네요.

I can't access the Internet from my smart phone.
제 스마트 폰에서 인터넷 연결이 안 돼요.

이것만은 꼭!

Access는 인터넷에 접속[연결]한다고 할때(access the Internet) 혹은 자료 등을 찾아서 보려고 하는 경우(access the information) 등에 잘 쓰이는 동사입니다. 명사형을 사용해서 have[get] access to something으로 표현할 수도 있습니다.

I can't access my email account. 이메일 계정에 접속이 안 돼.

You can rent a laptop from the front desk.
프런트에서 노트북을 빌릴 수 있어요.

Configure는 프로그램이나 장치의 설정값을 바꿔준다는 의미로, 예를 들어 무선 랜카드의 IP주소를 자동에서 수동으로 설정하는 것이나, 워드프로세서에서 각종 옵션값을 바꾸는 것도 configure에 해당합니다.

프로그램이나 장치가 잘 돌아갈 수 있게 설정을 제대로 잘 했을 경우 properly configured 혹은 properly set up이라고 표현합니다.

How do I configure my wireless network card?
무선네트워크 카드 설정을 어떻게 해요?

is properly configured: 적절하게 설정이 되어 있다.

Hotel Clerk: Are you sure your wireless card is configured properly?
무선카드가 잘 설정이 되어 있는지 확인하셨나요?

Traveler: Yes, I took my laptop and tried in the room but couldn't get any signal.
네, 제 노트북을 가져와서 방에서 시도해봤는데, 아무 신호도 잡히지 않아요.

Hotel Clerk: Just a moment, please. We'll help you right away.
잠시만요. 곧 도와드리도록 하겠습니다.

규모가 큰 호텔이나 출장객이 많은 지역의 웬만한 호텔에는 객실마다 무선 인터넷이 설치되어 있고 노트북을 대여해 주기도 합니다. 프런트에서 PCMCIA 또는 USB 무선 랜카드를 빌릴 수도 있습니다. 개인 노트북을 사용할 경우 무선랜카드 설정이 제대로 되어 있지 않으면 연결이 안 될 수도 있기 때문에 노트북으로 무선 인터넷을 이용하려면 미리 랜카드 설정법을 알아두는 것이 좋습니다.

3) 계산에 대한 대화

'금강산도 식후경'. 맛나게 식사를 했는데, 음식을 먹고 나서 계산서를 보니 음식값이 생각했던 것보다 더 많이 나온 것 같아 확인하려고 합니다. 계산이 잘못된 것인지 아니면 팁이 포함된 것인지 등 자세히 물어보아야 하겠지요.

Traveler: Check, please. / Bill, please.
계산해 주세요.

미국에서는 계산서로 'check'를, 영국에서는 'bill'을 주로 사용합니다. 이때 bill을 beer로 잘못 발음하지 않도록 주의해야 합니다. 잘못하면 계산서가 아니라 맥주를 더 많이 가져다줄 수 있으니까요.

Server: Here's your check.
여기 계산서 있습니다.

Traveler: Thanks. Excuse me. Is a tip included on this?
감사합니다. 아 그런데요, 팁이 포함된 것인가요?

Server: No. That is for the sales tax.
아니요, 그건 세금입니다.

Traveler: But I still don't understand... Shouldn't it be $10 and some cents?
그래도 이해가 안 되는데요…. 이게 10달러와 몇 센트가 돼야 하는 거 아닌가요?

Server: Oh, let me take a look. I see what happened. They double-charged you for the drink. Sorry. I'll correct that right away.
네, 어디 봅시다. 아, 어떻게 된 건지 알겠네요. 음료를 두 번 계산했네요, 죄송합니다. 바로 처리해 드리겠습니다.

배보다 배꼽이 더 크다고 하는데요, 항공권 티켓 가격보다 유류할증료가 더 높게 책정이 된다거나 하는 경우가 있어요. 식사에서도 세금과 서비스요금을 무시를 못 합니다. 세금은 tax, 서비스요금은 service charge로 반드시 이것의 포함 여부를 확인해 보세요.

참고 **유류할증료**

과거의 중동전쟁과 같은 갑작스런 사태 발생으로 인하여 유가가 대폭 인상될 때에 유가 인상분에 의한 추가적인 비용 보전을 위해 부과하는 것입니다. 환율 및 유가에 따라 영향을 받습니다. 항공권 가격보다 유류할증료와 세금이 더 많을 때도 있습니다.

3. Practice

1) Pronunciation

Bill과 beer 발음을 주의하세요. bill은 혀가 치경(윗니 뒤쪽)에 닿고, beer는 혀가 입천장에 닿지 않습니다. 계산서를 가져다 달라고 하는데, 맥주가 올 수 있으니 주의하세요.

2) Short conversation

① 공항에서 가방을 수속하는 상황입니다.

Staff: Your bag is over the weight limit.
가방 용량이 초과되었습니다.

I: By how much?
얼마나 많이요?

Staff: About 10 pounds.
10파운드 정도요.

I: Oh, how much do I have to pay for that?
이런, 얼마나 제가 지불을 해야 하는 건가요?

② 외국여행에서의 인터넷 연결

지민이는 영국 Oxford 대학에 방문하기로 하였어요. 대학교에서 일정이 담긴 공문을 이메일로 보내와서 읽는데, 인터넷 연결에 대한 내용이 나와 있어요. 읽고 해석해 봅시다.

IT introduction for those with laptops, to check your laptop and introduce you to the Oxford computer network.
노트북 컴퓨터를 가진 사람들을 위한 IT 소개가 있습니다. 당신의 노트북 컴퓨터를 점검하고 옥스퍼드의 컴퓨터 네트워크에 연결시키기 위해서입니다.

Delegates may use the computers in the library or the IT Suite to check emails. All rooms have internet access and there is wireless internet access in the main building.
대표자들은 이메일을 체크하기 위해 도서관이나 IT스위트룸(IT특별실)에 있는 컴퓨터를 사용할 수 있습니다. 모든 방은 인터넷 연결이 되어 있고, 본관에서는 무선 인터넷 연결이 됩니다.

③ 음식점에서

세계 여러 나라에서 프랜차이즈로 운영되는 family restaurant이에요. 한국에서 먹는 것보다 저렴한 가격으로 보여서 식당에 들어갔습니다. 그런데, 이 가격이 팁과 세금을 포함하는 것인지 아닌지 알 수가 없군요. 만약 여기 적힌 가격 그대로이면 한국보다 훨씬 저렴하지만, 팁과 세금이 더 붙으면 비슷하겠는데요, 뭐라고 물어볼까요?

Minji: Excuse me.
실례합니다.

A restaurant employee: Yes, how may I help you?
네, 뭘 도와드릴까요?

Minji: Is a tip and the sales tax included on this price?
이 가격에는 팁과 세금도 포함된 건가요?

A restaurant employee: Yes, all these are included.
네, 그것들 다 포함되어 있습니다.

3) Conversation

해외여행에서 영미는 숙소의 인터넷 연결을 먼저 체크하고자 합니다. 담당자와 이야기를 합니다.

Young-mi: Excuse me, I have a laptop. Can I access the Internet in the room?
실례합니다. 제가 노트북 컴퓨터가 있는데요, 방에서 인터넷 연결이 될까요?

Clerk: Yes, you can use it in your room.
네, 방에서 쓰실 수 있습니다.

Young-mi: Then, can you tell me how to configure my wireless network card?
그러면 무선네트워크 카드를 어떻게 설정하는지 알려줄 수 있나요?

Clerk: It is automatically configured.
자동으로 설정이 됩니다.

Young-mi: Um... sorry, could you show me how to make it? Here's my laptop.
음… 죄송한데요, 어떻게 하는지 좀 보여주실래요? 여기 제 노트북 컴퓨터가 있어요.

Clerk: Yes, let me see. You can just click here.
네, 어디 봅시다. 여기를 클릭하시면 됩니다.

Young-mi: Oh, I see. Thank you.
아, 알겠어요. 감사합니다.

Quiz

1. 다음 문장에서 괄호에 알맞은 전치사는?

   Staff: Oh, your bag is (   ) the weight limit.
   음, 가방 무게가 초과되었네요.

   ① in　　② with
   ③ over　　④ from

2. 다음 중 어휘와 뜻이 잘 짝지어지지 않은 것은?

   ① hold - 잡다　　② about - 대략
   ③ configure - 연결을 끊다　　④ wireless - 무선의

3. 다음 한국어의 뜻이 될 때 괄호에 들어갈 가장 적절한 단어는?

   Can I just (   ) some of the things in the bag?
   가방에서 제가 물건 좀 빼도 될까요?

   ① remove　　② give
   ③ add　　④ rob

4. 다음 한국어의 뜻이 될 때 괄호에 들어갈 가장 적절한 단어는?

   They (   ) you for the drink.
   음료를 두 번 계산했네요.

   ① calculated second　　② double-charged
   ③ charge doubled　　④ second of calculation

5. '계산해 주세요.'의 뜻으로 적절한 문장을 고르세요.

   ① Clculated.　　② Check, please.
   ③ Add, please.　　④ Sales, please.

Review

1. 공항에서 가방의 중량초과 해결하기 ★★

Staff: Oh, your bag is over the weight limit.
음, 가방 무게가 초과되었네요.

Traveler: By how much?
얼마나 많이요?

2. 인터넷 연결하기 ★★

Hotel Clerk: How may I help you?
뭘 도와드릴까요?

Traveler: I can't access the Internet from my laptop.
제 노트북 컴퓨터에서 인터넷 연결이 안 되네요.

I can't access the Internet from my smart phone.
제 스마트폰에서 인터넷 연결이 안 돼요.

Hotel Clerk: You can rent a laptop from the reception.
프런트에서 노트북을 빌릴 수 있어요.

3. 계산의 이상 해결하기

Traveler: But I still don't understand... Shouldn't it be $10 and some cents?
그래도 이해가 안 되는데요…. 이게 10달러와 몇 센트가 돼야 하는 거 아닌가요?

Server: Oh, let me take a look. I see what happened. They double-charged you for the drink. Sorry. I'll correct that right away.
네, 어디 봅시다. 아, 어떻게 된 건지 알겠네요. 음료를 두 번 계산했네요, 죄송합니다. 바로 새로 처리해 드리겠습니다.

콩글리시와 잉글리시의 만남

음료 중 사이다를 영어로 'cider'로 말하는 이들도 있는데요, Cider는 사과술을 가리킵니다. 한국의 '사이다'는 영어로는 soda pop이라고 하거나, 유명한 상표를 따서 부르는 'seven-up' 또는 'sprite'라고 하면 됩니다. May I have three ciders? (사과술을 세 잔 주십시오.)

저는 사이다(탄산음료)를 원해요.

Kong: I want cider.

Eng: I want seven-up.

콕콕 집어주는 용어사전

1. extra 여분의

I have to do extra work.

잔업(특근)을 해야 해.

2. access (인터넷에) 접속하다, 연결되다

I can't access the Internet.

인터넷에 접속이 안 돼.

3. charge (요금을) 부과하다

They're charging £3 for the catalogue.

카탈로그 값으로 3파운드를 달라고 해.

4. configure 설정하다

Configure the amount, duration, and other settings for this test.

이 테스트에 대한 횟수, 기간 및 기타 환경을 설정합니다.

WEEK 05-1
Shopping Abroad

Today's Goal 주요학습내용

상점 찾아가기 / 상품에 대한 질문하기
계산과 반품요청하기

Lecture

1. 어휘

a discount shop[store] 할인점
a grocery shop[store] 식료품점
a stationery shop[store] 문구점
souvenir 기념품
folding umbrella 접는(접이식) 우산
necklace 목걸이
bright 밝은
less 덜
jewelry 보석
change 잔돈
recommend 추천하다
a cosmetic shop[store] 화장품 가게
an antique shop[store] 골동품 가게
duty free shop[store] 면세점
around here 여기 근처
look for 찾다
item 제품
expensive 비싼
leather 가죽
adjust 조정하다
crack 금

2. 구문

1) 상점 찾아가기

일단 내가 원하는 물건들을 어디에서 구입할 수 있는지 물어보고 찾아가야 되겠지요. 이에 필요한 표현들을 익혀 봅시다.

Where is **a gift shop?**
선물 가게가 어디에 있나요?

Where can I buy **some souvenirs?**
기념품은 어디서 살 수 있나요?

Is there a **duty free shop** around here?
이 근처에 면세점이 있나요?

상점을 찾은 후에 그곳에서도 원하는 물건을 이야기하면서 찾아봐야겠지요.

Can I get an information guide for **this mall?**
이 쇼핑몰 안내도 좀 얻을 수 있을까요?

I'm looking for **a folding umbrella.**
접는(접이식) 우산을 찾고 있습니다.

Which floor **is the clothing department?**
의류 매장은 몇 층입니까?

Where can I get **some shoes?**
구두는 어디에서 살 수 있나요?
(get과 buy는 '사다'의 뜻으로 둘 다 쓰일 수 있습니다.)

A: Excuse me, do you know where a bookstore is?
실례합니다만, 서점이 어디에 있는지 아시나요?

B: Just over there.
바로 저쪽이에요.

A: Which floor is the cosmetic section(shop/store)?
몇 층이 화장품 매장인가요?

B: Fourth floor.
4층이요.

'몇 층'을 말할 때는 숫자의 서수를 씁니다. 1층 first floor, 2층 second floor, 3층 third floor, 4층 fourth floor.

2) 상품에 대해 질문하기

원하는 상품을 파는 곳을 찾으면 구체적으로 내가 사고자 하는 상품에 대하여 자세히 질문을 하고 정보를 주고받을 수 있습니다.

I'm looking for something.
찾고 있는 것이 있어요.

Can I get this in Korea?
이것은 한국에서도 팔고 있나요?

Do you have any nice gifts?
선물용으로 좋은 것 있나요?

May I try it?
시험해 봐도 되나요? (옷은 착용, 화장품은 테스트용을 발라보는 것, 신은 신어보는 것)

화장품(cosmetics)

Which perfume is popular?
가장 인기 있는 향수는 어느 것인가요?

Are there any new items?
신제품은 있나요?

Are there all the colors?
색깔은 이것이 전부인가요?

Do you have a brighter color?
더 밝은 색이 있나요?

보석/장신구(jewelry)

I'd like to see the things in the case.
케이스 안에 있는 것을 보고 싶어요.

Show me the necklace, please.
목걸이를 보여 주세요.

Can you adjust the size?
사이즈를 조정해줄 수 있나요?

Please show me a less (more) expensive one.
더 싼(비싼) 것을 보여 주세요.

가죽제품(leather)

What brand is this?
이것은 무슨 브랜드인가요?

Is this real leather?
진짜 가죽인가요?

Is this all you have?
여기에 나와 있는 것이 전부인가요?

면세점(a duty-free shop)

Can you recommend something?
권해 주실 만한 것이 있나요?

What special products do you have here?
여기 특별한 제품(특산품 specialty)이 무엇인가요?

Which is the one we can't get in Korea?
한국에서 구입할 수 없는 것은 어느 것인가요?

3) 계산과 반품 요청

계산하는 과정에서 필요한 표현들입니다. 숫자 부분은 한국어와 영어의 세는 단위가 달라서 특히 틀리지 않도록 주의해야 합니다.

What is the total?
전부 얼마인가요?

Where is the cashier?
계산하는 곳은 어디인가요?

Can I pay with a credit card?
신용카드로 지불해도 되나요?

Please gift-wrap this.
선물용으로 포장해 주세요.

Can you send this to Korea?
한국으로 보내줄 수 있나요?

I think I'm supposed to get more change.
거스름 돈을 더 받아야 될 것 같은데요.

I think가 들어가면 좀 더 완곡한 표현이 됩니다. be supposed to는 '~하도록 되어 있다'의 뜻입니다. 계산을 철저하게 한 번 더 해서 맞는지 꼭 확인해 보세요.

반품할 때

한국으로 돌아오면 반품이 거의 어렵기 때문에, 해외에 체류하는 기간 동안에 반품할 것이 있으면 바로 요청하는 것이 필요합니다.

I'd like to return (change) this item.
이 물건을 반품(교환)하고 싶어요.

Here is a crack.
여기에 금이 있어요.

I have a receipt.
영수증 가지고 있어요.

I haven't used it at all.
전혀 사용하지 않았어요.

This size doesn't fit me.
이 사이즈는 맞지 않아요.

Please let me choose another one.
다른 것으로 고르게 해주세요.

Why can't I exchange this for B?
왜 B로는 교환이 안 되나요?

교환이나 반품 등에는 영수증을 반드시 가지고 가야 합니다. 외국에서 물건을 구매했을 때에도 영수증은 잘 챙기고 잃어버리지 않도록 합시다.

3. Practice

1) Pronunciation

receipt에서 p는 발음이 되지 않는 묵음입니다. P 발음을 하지 않도록 유의하여 발음합시다. leather에서 th는 [ð] 발음이 납니다. 혀는 살짝 내밀면서 유성음입니다.

2) Short conversation

① 선물을 살 가게를 찾습니다.

A: Excuse me, is there a gift shop around here?
실례합니다만, 여기 근처에 선물가게가 있나요?

B: What kind of gift do you want?
어떤 종류의 선물을 원하는데요?

A: I'm looking for a small souvenir for my friends.
친구들에게 줄 만한 작은 기념품을 찾고 있어요.

② 가게에 가서 물품을 고릅니다.

A: How may I help you?
뭐 좀 도와드릴까요?

B: Yes, Can you recommend something? I want some gifts for my friends.
네, 추천해 주실 만한 것이 있나요? 친구에게 선물을 할 거예요.

A: What about this? This is a special product here.
이건 어떤가요? 이건 이곳의 특산품이에요.

B: Oh, it looks good.
음, 좋아 보이네요.

③ 계산을 합니다.

A: What is the total?
전부 얼마인가요?

B: 35 dollars.
35달러요.

A: Can I pay with a credit card?
신용카드로 지불해도 되나요?

B: Of course.
물론이죠.

3) Conversation

해외여행에서 민주는 친구들과 아는 사람들에게 줄 선물을 고르려고 합니다.

A: Which key chain is the most popular one?
가장 인기 있는 열쇠고리는 어느 것인가요?

B: This is very popular.
이게 아주 인기가 있어요.

A: Are there all the colors?
색깔은 이게 전부인가요?

B: We have some more.
좀 더 있어요.

A: I want a brighter color. I need seven key chains. What is the total?
더 밝은 색이 좋겠어요. 일곱 개 필요한데요, 전부 얼마인가요?

B: They are 10 dollars.
10달러입니다.

Quiz

1. 다음 문장에서 괄호에 알맞은 동사는?

   Can I (   ) an information guide for this shopping mall?
   이 쇼핑몰 안내도 좀 얻을 수 있을까요?

   ① go ② buy
   ③ shop ④ get

2. 다음 중 어휘와 뜻이 잘 짝지어지지 않은 것은?

   ① a cosmetic store - 화장품 가게 ② a grocery store - 식료품점
   ③ an antique shop - 골동품 가게 ④ a stationery store - 역 앞 가게

3. 다음 한국어의 뜻이 될 때 괄호에 들어갈 가장 적절한 단어는?

   Can you (   ) the size?
   사이즈를 조정해줄 수 있나요?

   ① fit ② adjust
   ③ bigger ④ small

4. 다음 한국어의 뜻이 될 때 괄호에 들어갈 가장 적절한 단어는?

   Please show me a (   ) expensive one.
   더 싼 것을 보여 주세요.

   ① more ② cheap
   ③ less ④ price

5. '선물용으로 포장해 주세요.'의 뜻으로 적절한 문장을 고르세요.

   ① Please gift this. ② Please send this.
   ③ Please make this gift. ④ Please gift-wrap this.

Review

1. 상점을 찾아가기

I'm looking for a folding umbrella.
접는(접이식) 우산을 찾고 있습니다.

Which floor has clothing items?
의류 매장은 몇 층입니까?

Where can I get some shoes?
구두는 어디에서 살 수 있나요?

2. 상품에 대한 질문하기

I'm looking for something.
찾고 있는 것이 있어요.

Can I get this in Korea?
이것은 한국에서도 팔고 있나요?

Do you have any nice gifts?
선물용으로 좋은 것 있나요?

May I try it?
시험해 봐도 되나요? (옷은 착용, 화장품은 테스트용을 발라보는 것, 신은 신어보는 것)

3. 계산과 반품요청

What is the total?
전부 얼마인가요?

Where is the cashier?
계산하는 곳은 어디인가요?

Can I pay with a credit card?
신용카드로 지불해도 되나요?

Please gift-wrap this.
선물용으로 포장해 주세요.

Can you send this to Korea?
한국으로 보내줄 수 있나요?

콩글리시와 잉글리시의 만남

운동복을 흔히들 츄리닝(training)이라고들 하지요. 하지만 영어의 바른 표현은 sweatsuit(또는 tracksuit)입니다.

운동복을 사고 싶어요.

Kong: I want to buy my training.

Eng: I want to buy my sweatsuit.

콕콕 집어주는 용어사전

1. adjust 조정하다

I'm adjusting my necktie in a mirror.

거울 보면서 넥타이 조절하고 있는 중이야.

2. expensive 비싼

That's too expensive.

그건 너무 비싸.

3. recommend 추천하다

Can you recommend any items?

추천해줄 만한 품목 있나요?

4. fit 적합하다, 꼭 맞다

Does this jacket fit you?

이 재킷은 너한테 잘 맞니?

WEEK 05-2
On line Shopping

Today's Goal 주요학습내용

구매방법에 대한 대화 / 온라인 쇼핑하기
해외 사이트에서 구매하기

Lecture

이제는 집안에 앉아서 클릭 하나만으로 물품들을 구매하는 시대가 왔지요. 인터넷 쇼핑과 홈쇼핑 등 현대사회의 쇼핑방법들에 대하여 알아봅시다.

1. 어휘

shop on line 온라인(인터넷)으로 쇼핑하다
department store 백화점
traditional market 재래시장
hardly/scarcely/rarely 거의 ~하지 않다
electronic 전자의
out of stock 재고 없음
In Stock 재고 있음
available 이용 가능한
customer 고객
frequently 자주
proceed 나아가다, 전진하다
edit 수정하다, 편집하다
account 계정, 계좌
contact 연락하다

customer service 고객 서비스
expedited 신속히 발송하는
zip code 우편번호
average 평균

2. 구문

1) 구매방법에 대한 대화

재래시장, 마트, 백화점, 홈쇼핑, 온라인 쇼핑 등 물품을 살 수 있는 경로가 다양해졌습니다. 어떤 방법을 주로 이용하는지 상대방과 대화해 봅시다.

What's your favorite way to shop?
넌 어떤 방법으로 쇼핑하기를 제일 좋아하니?

Do you shop on line?
너는 온라인으로 쇼핑을 하니?

Do you often visit a traditional market?
재래시장을 자주 방문하니?

Do you like shopping on line or going to the street to buy clothes?
넌 옷을 살 때 온라인 쇼핑을 좋아하니 아니면 거리에 나가 사는 걸 좋아하니?
(going to the street = going to the roadside shop 또는 going shopping to the roadside shop)

참고 **roadside shop 로드사이드 샵 '노점상'**
쇼핑 센터, 백화점, 체인 스토어 등의 점내에 있는 숍 인 숍에 상대하여, 큰 거리에 연한 곳에 독립점포로 차려진 가게를 말하며, 흔히 로드샵이라 부릅니다.

Do you like home-shopping?
너는 홈쇼핑을 좋아하니?

Do you watch a home-shopping channel? Which one?
홈쇼핑 채널을 보니? 어떤 채널을?

빈도부사

빈도부사의 위치는 조동사 뒤, 일반동사 앞입니다. 얼마나 자주 어떤 일을 하는지를 표현하는 부사입니다. 빈도부사를 적절히 넣어서 문장을 만들어 봅시다. How often(얼마나 자주)로 시작하는 문장에 대한 대답으로도 자주 쓰입니다.

always 항상	**usually** 보통, 대개
often 종종	**sometimes** 때때로
hardly/scarcely/rarely 거의 ~하지 않는다	**never** 결코 ~하지 않다

'몇 번'이라는 뜻은 once(한 번), twice(두 번), three times(세 번), four times(네 번), … one hundred times(백 번)로 표현할 수 있습니다.

A: How often do you shop on line?
온라인 쇼핑을 얼마나 자주 하니?

B: I usually shop on line twice a week.
보통 일주일에 두 번 온라인 쇼핑을 해.

A: Do you like on line shopping?
너는 온라인 쇼핑을 좋아하니?

B: Yes, I always buy things on line.
응, 난 항상 온라인으로 물건들을 사.

A: Do you often visit a department store?
넌 백화점에 자주 가니?

B: No, I rarely visit there. I usually go to a traditional market near my house.
아니, 난 백화점에는 거의 가지 않아. 보통 우리 집 근처에 있는 재래시장에 가.

2) 온라인 쇼핑하기

여러 쇼핑 방법 중 가장 인기가 많은 온라인 쇼핑에 대하여 이야기를 나누어 봅시다.

What are your favorite on line shopping sites?
네가 좋아하는 온라인 쇼핑 사이트는 어디들이니?

What products do you look for when shopping on line?
온라인 쇼핑을 할 때 어떤 물품들을 찾아보니?

What do you think of on line grocery shopping?
온라인으로 식료품을 사는 것에 대해서 어떻게 생각하니?

A: What is your favorite on line shopping mall?
네가 좋아하는 온라인 쇼핑몰은 무엇이니?

B: I usually buy things in G-market and Auction.
난 보통 지마켓이나 옥션에서 물건들을 사.

A: What do you usually buy?
보통 뭘 사는데?

B: Everything. I buy food, clothes, electronic products, and etc.
모든 것. 음식, 옷, 전자제품 기타 등등을 구입해.

A: What do you think of on line fruit shopping?
온라인으로 과일을 사는 것은 어떻게 생각하니?

B: I think it's good. I bought fresh fruits several times. The quality was good, and the price was low.
난 좋다고 생각해. 몇 번 사 봤어. 품질은 좋고 가격은 낮았어.

3) 해외 사이트에서 구매하기

외국의 구매사이트에서 직접 물건을 사는 경우들도 있습니다. 영어만 이해하고 사용할 수 있다면 직접 구매하고 주문할 수 있습니다. 한번 외국 구매사이트를 찾아가서 내게 필요한 물건을 구매해 볼까요? 때에 따라서는, 국내에서 사는 것보다 저렴하게 살 수 있는 경우도 있고, 또 국내에서 구하지 못하는 물건들을 바로 구입할 수도 있습니다.

In Stock. 재고 있음.

Out of Stock. 재고 없음.

Gift-wrap available. 선물 포장 가능.

Most Helpful Customer Reviews
가장 도움이 되는 고객의 리뷰(상품평)

25 of 31 people found the following review helpful
31명 중 25명이 이 상품평이 도움이 된다고 하였습니다.

Customers Who Bought This Item Also Bought
이 물품을 산 고객들이 함께 산 제품들

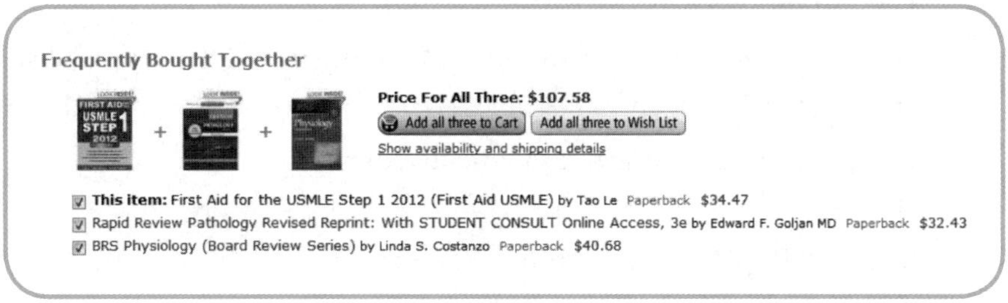

Frequently Bought Together 자주 함께 구매하는 묶음

Add all three to Cart. 3가지 모두 카트에 넣습니다.

Add all three to Wish List. 희망리스트에 3가지 모두 넣습니다.

Cart로 추가를 클릭합니다.

Edit your Cart 카트에 넣은 것을 수정하기(구입할 품목 수정)

Proceed to Checkout을 클릭합니다. Enter your e-mail address에 나의 이메일 주소를 입력합니다. 그리고 엔터를 누르면 다음 메시지가 뜹니다.

An account already exists with the e-mail 20000grace@daum.net
20000grace@daum.net 이메일은 이미 존재하는 계정이 있습니다.

Are you a returning customer? Sign In.
기존 회원이신가요? 로그인하세요. (로그인을 sign in으로도 합니다.)

Forgot your password? 비밀번호를 잊었나요?

New to Amazon.com? Create a new account with a different e-mail address.
Amazon.com에 처음 오셨나요? 다른 이메일 주소로 새로운 계정을 만드세요.

Create a new account with this e-mail address.
이 이메일 주소로 새로운 계정을 만드세요.

Still need help? Contact Customer Service.
여전히 도움이 필요한가요? 고객 서비스와 연락해 보세요.

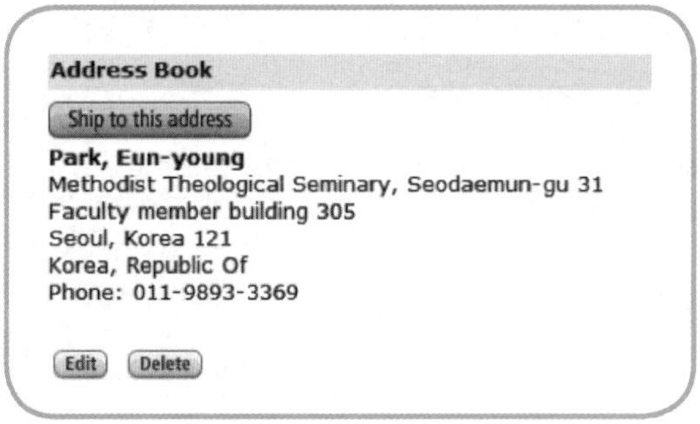

기존에 회원으로 가입이 되어 있어서 로그인하였더니 Address Book이 뜹니다. 그러면 Ship to this address(이 주소로 배송해 주세요)를 눌러 주세요. 주소가 바뀌었다면, Or enter a new shipping address 새로운 주소를 넣습니다.

Be sure to click "Ship to this address" when done.
다 끝나면 "Ship to this address"를 눌러 주세요.

Full Name 상품 구매자의 전체 이름

Address Line 주소

City 도시

State/Province/Region 주/도(우리나라의 도 이름을 쓰면 됩니다)

ZIP 우편번호

Country 나라

Phone Number 전화번호

그리고 "Ship to this address"를 클릭하면, 아래와 같은 안내가 나옵니다.

Choose a shipping speed. 배송 속도(방법)를 선택하세요.

☐ Standard International Shipping (averages 18~32 days)
표준 국제 배송 (평균 18~32일)

☐ Amazon Global Expedited Shipping (averages 8~16 business days)
아마존 국제 신속 배송 (평균 8~16일)

☐ Amazon Global Priority Shipping (averages 2~4 days)
아마존 국제 특급 배송 (평균 2~4일)

선택 후에는 결제를 해야지요. How would you like to pay? 어떻게 지불하겠습니까? 창이 뜹니다.

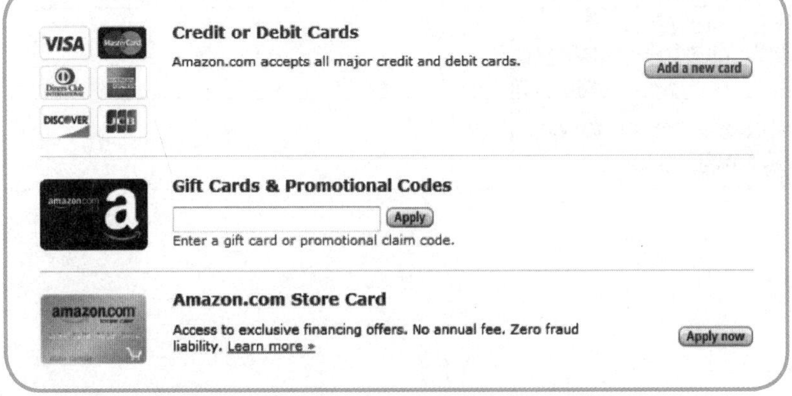

카드를 선택하여 결제하면 결제가 완료되고 배송을 기다리면 되겠습니다. 자, 우리도 원하는 상품이 있다면 해외 사이트에 방문하여 주문해 볼까요? 평소에 맘에 들었던 상품을 이번 기회에 용기를 내어 구매해 봅시다. 물론, 구입하기 전에 반드시 국내 사이트와의 가격 비교 등을 하는 것은 잊지 말고요.

3. Practice

1) Pronunciation

zip code(우편번호)를 발음할 때 z 발음은 한국어의 'ㅈ'과는 사뭇 다릅니다. 벌이 날 때 날갯짓 소리가 즈즈즈 거리는 것을 생각하면서 발음해 봅시다.

2) Short conversation

How often do you...	often	sometimes	never
1. watch the home-shopping channel?			
2. use a credit card on line?			
3. give your credit card number on the phone?			
4. buy clothing from catalog?			
5. compare prices before you buy something			

3) Conversation

진희는 새로 모니터를 구입했어요. 그걸 본 민주가 물어봅니다. 어디서 샀는지, 쇼핑몰의 주소는 어디인지, 자세히 물어보고 민주도 사려고 합니다.

A: Where did you buy this monitor?

B: I bought it in E-shopping mall.

A: Is that an on line shopping mall?

B: Yes, I visit there very often.

A: Do they provide any discount coupons?

B: Yes, I can buy electronic products in a cheap price.
And I don't need to carry heavy products.

A: Oh, I'd like to visit there, too. What's the address?

B: You can just type 'www.eshoppingmalls.net'.

A: Thank you. I also need to buy some electronic products.
I'll take a look at it.

B: Yes, you'll be satisfied.

Quiz

1. 다음 문장에서 괄호에 알맞은 전치사는?

   An account already exists (   ) the e-mail 203@daum.net

   203@daum.net 이메일은 이미 존재하는 계정이 있습니다.

   ① in　　② with

   ③ over　　④ for

2. 다음 중 어휘와 뜻이 잘 짝지어지지 않은 것은?

   ① available - 이용 가능한　　② in stock - 재고 없음

   ③ frequently - 자주　　④ expedited - 신속히 발송하는

3. 다음 한국어의 뜻이 될 때 괄호에 들어갈 가장 적절한 단어는?

   I (   ) shop on line twice a week.

   보통 일주일에 두 번 온라인 쇼핑을 해.

   ① hardly　　② never

   ③ usually　　④ often

4. 다음 한국어의 뜻이 될 때 괄호에 들어갈 가장 적절한 단어는?

   (   ) a new shipping address

   새로운 주소를 넣습니다.

   ① enter　　② checkout

   ③ checking　　④ ship

5. '어떻게 지불하겠습니까?'의 뜻으로 적절한 문장을 고르세요.

   ① How did you wanted to pay?　　② Why do you like to pay?

   ③ What would you like to pay?　　④ How would you like to pay?

Review

1. 구매방법에 대한 대화 ★★

What's your favorite way to shop?
넌 어떤 방법으로 쇼핑하기를 제일 좋아하니?

Do you shop on line?
너는 온라인으로 쇼핑을 하니?

I rarely visit there. I usually go to a traditional market near my house.
난 백화점에는 거의 가지 않아. 보통 우리 집 근처에 있는 재래시장에 가.

2. 온라인쇼핑하기 ★★

What products do you look for when you shop on line?
온라인 쇼핑할 때 어떤 물품들을 찾아보니?

What do you think of on line grocery shopping?
온라인으로 식료품을 사는 것에 대해서 어떻게 생각하니?

The quality was good, and the price was low.
품질은 좋고 가격은 낮았어.

3. 해외사이트에서 구매하기 ★★

In Stock. 재고 있음.

Out of Stock. 재고 없음.

Gift-wrap available. 선물 포장 가능.

Create a new account with this e-mail address
이 이메일로 새로운 계정을 만들겠습니다.

Still need help? Contact Customer Service.
여전히 도움이 필요한가요? 고객 서비스와 연락해 보세요.

콩글리시와
잉글리시의
만남

흔히들 뛰기도 하고 걷기도 하는 운동기구를 '러닝머신'이라고 하지요. 영어로 정확한 표현은 Treadmill이 맞습니다.

러닝머신에서 뛰다.

Kong: I run on a running machine.

Eng: I run on a treadmill.

콕콕
집어주는
용어사전

1. rarely 거의 ~하지 않다

I rarely visit there.

난 백화점에는 거의 방문하지 않아.

2. how often 얼마나 자주

How often do you shop on line?

온라인 쇼핑을 얼마나 자주 하니?

3. quality 품질

The quality was very good.

품질이 아주 좋았어.

4. expedited 신속의

I want Amazon Global Expedited Shipping.

저는 아마존 국제 신속 배송을 원해요.

WEEK 06-1
Health

Today's Goal 주요학습내용

건강에 대한 대화 / 건강을 위한 실천방법
약국 가기

Lecture

건강이 제일 중요하다는 것은 두말하면 잔소리죠. 우리가 건강하다는 것 한 가지만으로도 날마다 감사할 일이 될 거예요. 이번 과에서는 건강에 대한 대화, 건강을 유지하는 비결, 약국 가기에 대한 내용을 영어로 알아봅시다.

1. 어휘

a sore throat 인후염
feverish 열이 있는
chilly 차가운
digestion 소화
prescription 처방전
severe 심한
stuffed 막힌
nauseous 구역질 나는
itchy 가려운
diarrhea 설사
influenza 독감, 유행성 감기
stiffness 빳빳함
constipation 변비
hoarseness 쉰 목소리

2. 구문

1) 건강에 대한 대화

간단한 안부인사를 하면서 건강에 대하여 이야기를 나누는 것으로 발전할 수 있을 것입니다. 이야기를 나누어 봅시다.

How are you? How are you doing?
요즘 어떻게 지내니?

What's the matter?
무슨 일이야?

How are you feeling?
좀 어떠니?

Great! 아주 좋아!

So so. 그냥 그래.

Not bad. 나쁘진 않아.

Not so great. 그렇게 좋지는 않아.

Actually, I'm sick. 사실은 아파.

흔히 생기는 질병들의 증상을 영어로 말해 봅시다.

I have a backache. 등이 아파요.

I have 다음에 아픈 내용을 넣으면 여러 가지 증상을 이야기할 수 있습니다. have 다음에 오는 내용은 [명사]입니다.

I have + a [ ]

cough 기침이 나요.

fever 열이 나요.

headache 두통이 있어요.

stomachache 배가 아파요.
(ache는 아픔이란 뜻인데, 그 앞에 부위를 넣으면 어디가 아프다는 뜻이죠.)

runny nose 콧물이 나요.

sore throat 목이 아파요.

I feel 다음에도 [형용사]를 넣어서 증상을 이야기할 수 있어요.

I feel + [ ]

dizzy 어지러워요.

chilly 한기가 나요.

dull 몸이 나른해요.

nauseous 토할 것 같아요.

feverish 열이 나는 것 같아요.

itchy 가려워요.

I'm on medication.
전 약물 치료 중이에요.

I'm allergic to pollen.
꽃가루 알레르기가 있어요.

상대방의 안 좋은 소식에 대한 반응으로는, I'm sorry to hear that.을 쓸 수 있습니다. 즐거운 일일 때는 I'm glad to hear that.이지만, 안 좋은 소식에는 sorry를 쓰면 됩니다. Sorry는 미안하다는 표현 외에도 '유감이다', '이런 어쩌나' 등의 뜻이 됩니다.

I'm sorry to hear that.
저런, 안됐구나.

I'm glad to hear that.
잘되었구나.

I hope you feel better soon.
빨리 좋아지면 좋겠구나.

A: How are you doing?
요즘 어떠니?

B: Not so good.
그렇게 좋진 않아.

A: What's the matter?
무슨 일인데?

B: I have a stomachache.
위가 좀 안 좋아.

A: Oh, I'm sorry to hear that. I hope you feel better soon.
이런, 안됐구나. 빨리 좋아지면 좋겠구나.

B: Thanks.
고마워.

2) 건강을 위한 실천방법

몸이 좋지 않다면, 건강을 위한 생활에서의 실천방법을 찾아보는 것이 좋겠지요. 생활습관을 고치는 것만 해도 대부분의 병은 예방이 되지요.

What is healthy food?
건강에 좋은 음식은 뭐니?

You need to eat vegetables, fruits, and nuts.
채소, 과일, 견과류를 먹는 것이 필요하지.

You need to drink lots of water.
물을 많이 마시는 것이 좋아.

Eating too much is not good for health.
너무 많이 먹는 것은 건강에 좋지 않아.

A convenience food is not good for us.
인스턴트 음식은 우리에게 좋지 않아.

How do you stay healthy?
넌 어떻게 건강을 유지하니?

I take an exercise every day.
난 매일 운동해.

I make it a rule to walk for more than 30 minutes everyday.
난 매일 30분 이상 걷는 것을 정해서 하고 있어.

I do weight training three times a week.
난 일주일에 세 번 근력운동을 해.

How much do you sleep?
넌 얼마나 많이 자니?

I sleep about 8 hours.
8시간 정도 자.

I never sleep late. I always sleep at 11:00, and get up at 6:00.
난 절대 늦게 자지 않아. 항상 11시에 자고, 6시에 일어나.

음식, 잠, 운동은 건강에 있어서 항상 나오는 이야기이지요. 생활습관만 잘 가져도 질병예방이 되지만 그게 쉽지만은 않더라고요. 영어로 이야기하면서 다시금 건강습관을 다짐해 봅시다.

3) 약국 가기

운동과 식생활 등으로도 해결되지 않는 질병들도 있지요. 그럴 때는 약의 도움을 받는 것이 필요한데, 간단한 질병들은 가정에 상비약을 준비하거나 가까운 약국에 가는 것이 필요합니다. 처방전이 필요한 것은 병원에 먼저 가지만, 간단한 증상이나 상비약들은 약국에서 구해 봅시다.

---

digestive / digestive aids/ a relief for indigestion 소화제
medicine for headache / headache medicine / headache pills 두통약
a diarrhea remedy 설사약
an allergy medicine 알레르기약
a cold remedy / cold tablets / a medicine for cold 감기약
stomachache medicine 복통약
a painkiller 진통제
a sore throat medicine 목감기약
a cough medicine 기침약
a fever reducer / a medicine for fever 해열제

증상을 설명할 때 필요한 표현들을 좀 더 알아 봅시다.

---

stiffness in the shoulder 어깨결림
pain (Ache) 통증
sharp pain 예리한 통증
pain comes at intervals 가끔씩 아픔
vomiting/ throw up 구토, 토하기
nausea 울렁울렁함
constipation 변비
stuffed nose 코막힘
hoarseness of voice / huskiness 쉰 목소리
itchy 가려움
severe pain 심한 통증
piercing pain 찌르는 듯한 아픔
short of breath 숨이 참, 숨이 가쁨
indigestion 소화불량
diarrhea 설사
insomnia 불면증

Pharmacist: May I help you?
뭘 도와드릴까요?

Customer: Yes, I have a stuffed nose.
네, 제가 코가 막혀서요.

Pharmacist: Take this one. It will really work well.
이걸 복용해 보세요. 정말 잘 들을 거예요.

Customer: Okay, how often do I have to take it?
네, 얼마나 자주 복용해야 하나요?

Pharmacist: You need to take it three times a day after each meal.
식사 후에 하루에 세 번 드시면 됩니다.

Customer: Thank you. How many days shall I take it?
감사합니다. 며칠간 복용하나요?

Pharmacist: Three days.
3일간요.

'work'는 기계류가 작동하다는 표현에도 썼지만, '약이 잘 듣는다', '약이 효과가 좋다'라는 표현에도 사용합니다. 약을 복용하는 것은 'take' 동사를 씁니다. 증상 및 약에 대한 표현은 잘못 표현하면 엉뚱한 약을 받을 수 있으니, 정확하게 익혀 둡시다.

3. Practice

1) Pronunciation

stomachache에서 ache은 발음이 [eik]으로 나옵니다. [에이치]라고 발음하지 않도록 주의합시다. stomach(위)에 붙이면 stomachache은 위통, 복통이 되고, tooth(이)에 붙이면 toothache 치통이 됩니다.

2) Short conversation

① 건강에 대한 안부인사

A: How are you feeling?
좀 어떠니?

B: Great! My sore throat went away.
아주 좋아! 목이 아팠던 것이 다 나았어.

A: I'm glad to hear that.
그거 잘됐다.

B: Thanks.
고마워.

② 건강 유지에 대한 이야기

옆 사람과 얼마나 건강을 위해 신경을 쓰는지 질문해 보고 칸를 채워 봅시다.

How often do you...	once a week	three times a week	every day or every night
1. sleep eight hours nights?			
2. exercise?			
3. eat fruits?			
4. eat vegetables?			

3) Conversation

건강에 대한 대화를 들어 봅시다.

A: What is a good way to exercise? I always decide to exercise, but it's hard to continue.
운동할 수 있는 좋은 방법이 뭐니? 난 항상 운동하기로 결심하지만, 지속하기가 어려워.

B: I made a checklist for my exercise. That's very helpful. Besides, I bought a stepper, and exercise with it at home.
난 운동 체크리스트를 만들었어. 그게 아주 도움이 돼. 그 외에도, 스테퍼를 샀어. 그래서 집에서 그걸로 운동해.

A: That's a good idea. I have to make my checklist, too.
그거 좋은 생각이구나. 나도 체크리스트를 만들어야 되겠다.

B: And healthy food is also important. Do you eat vegetables and fruits regularly?
그리고 건강에 좋은 음식 또한 중요해. 채소와 과일을 정기적으로 먹니?

A: I'm trying to do so. I take Vitamin C, too.
그러려고 노력해. 비타민 C도 복용해.

Quiz

1. 다음 문장에서 괄호에 알맞은 전치사는?

I'm (   ) medication.

전 약물 치료 중이에요.

① in ② on

③ over ④ for

2. 다음 중 어휘와 뜻이 잘 짝지어지지 않은 것은?

① sore - 아픈 ② chilly - 차가운

③ influenza - 독감, 유행성 감기 ④ severe - 진통제

3. 다음 한국어의 뜻이 될 때 괄호에 들어갈 가장 적절한 단어는?

How do you (   ) healthy?

넌 어떻게 건강을 유지하니?

① take ② stay

③ healthful ④ make

4. 다음 한국어의 뜻이 될 때 괄호에 들어갈 가장 적절한 단어는?

Take this one. It will really (   ) well.

이걸 복용해 보세요. 정말 잘 들을(효과가 있을) 거예요.

① hear ② go

③ take ④ work

5. '콧물이 나요.'의 뜻으로 적절한 문장을 고르세요.

① I have a water in my nose. ② I have a runny nose.

③ I have too much water nose. ④ My nose has water.

Review

1. 건강에 대한 대화 ★

I have a fever. 열이 나요.

I feel dizzy. 어지러워요.

I'm on medication. 전 약물 치료 중이에요.

2. 건강을 위한 실천방법 ★★

Eating too much is not good for health.
너무 많이 먹는 것은 건강에 좋지 않아.

How do you stay healthy?
넌 어떻게 건강을 유지하니?

I make it a rule to walk for more than 30 minutes everyday.
난 매일 30분 이상 걷는 것을 정해서 하고 있어.

3. 약국가기 ★★★

It will really work well.
정말 잘 들을 거예요.

How often do I have to take it?
얼마나 자주 복용해야 하나요?

How many days shall I take it?
며칠간 복용하나요?

콩글리시와 잉글리시의 만남

요즘은 누구나 가지고 있는 휴대폰. 영어로 핸드폰이라고들 하는데요, 정확한 표현은 Cellular phone이 맞습니다. 이를 줄여서 cell phone이라고 할 수는 있지만, hand phone은 적절한 표현이 아닙니다.

내 휴대폰은 어디에 있지?
Kong: Where is my hand phone?
Eng: Where is my cellular phone?

콕콕 집어주는 용어사전

1. **cough 기침**
   I have a bad cough. I think I catch a cold.
   기침을 많이 해. 감기에 걸린 것 같아.

2. **healthy 건강에 좋은**
   Can you recommend any healthy foods?
   건강식품을 추천해줄 수 있나요?

3. **painkiller 진통제**
   What about taking this painkiller?
   이 진통제를 복용해 보면 어떨까요?

4. **prescription 처방전**
   Can you fill this prescription?
   이 처방전대로 약을 줄 수 있나요?

WEEK 06-2
Hospital

Today's Goal 주요학습내용

병원 접수처에서의 대화
의사와의 대화 / 치과에서의 대화

Lecture

정확한 진단 그리고 치료를 위하여 병원 예약하기, 치료받기, 치과 가기에 대한 내용을 영어로 익혀 봅시다. 외국인 병원에서 간호사나 직원을 채용할 때는 영어 표현의 잘못이 있으면 의료사고까지 생길 수 있으므로 다른 기관보다 영어 실력에 대한 검증이 더 철저하다고 합니다. 그런만큼 우리도 병원에서의 영어는 정확하게 익혀 둡시다.

1. 어휘

fill out 기재하다
a health insurance card 의료보험증
far-sighted (시력이) 원시의(long-sighted)
sty 다래끼
near-sighted 근시의(short-sighted)

black and blue (시퍼렇게) 멍이 든
ankle 발목
scared 두려워하는
loose 느슨한
inflamed 염증이 있는, 빨갛게 부은
sprain 삐다
swollen 부풀어 오른
decay 썩다
gum 잇몸
filling (이를) 떼움

2. 구문

1) 병원 접수처에서의 대화

병원에 가면 먼저 간호사 또는 접수원과 접수를 위한 대화를 하게 되지요. 아래 내용들을 살펴봅시다.

Have you been a patient here? Is this your first time?
저희 병원에 오신 적이 있으신가요? 이번이 처음인가요?

It's my first time.
처음이에요.

Please fill out this form. / fill this form out.
이 양식에 기재해 주세요.

Do you have a health insurance card?
의료보험증 갖고 오셨나요?

Please wait until I call you.
부를 때까지 기다려 주세요.

여러 과가 함께 있는 경우, 간단한 증상을 접수처에서 설명하면서 과를 안내받을 수도 있습니다.

I've got a sty in my eye. 눈 다래끼가 났어요.

I'm near-sighted/ far-sighted. 저는 근시/원시입니다.

I burned my hand. 손을 데었어요.

I'm all black and blue. 전신에 멍이 들었어요.

I sprained my ankle. 발목을 삐었어요.

My leg is swollen. 다리가 부어올랐어요.

종합병원에서는 어느 진료실로 갈지 결정되면 안내를 해줍니다.

Ok. You're all set.
네, 다 처리되셨어요.

Take the elevator to the third floor.
엘리베이터를 타고 3층으로 가세요.

Dr. Min's office is Room 301.
민 선생님 진료실은 301호입니다.

2) 의사와의 대화

외국 체류 중에 병원에서 진료를 받아야 한다면 의사 선생님과 대화가 원활해야 하겠지요? 묻는 말과 적절한 대답을 함께 익혀 봅시다.

What seems to be the trouble?/ What's the matter with you?
어디가 아픈가요?

Do you have a fever?
열이 있나요?

What are your symptoms?
증상이 어떻습니까?

When did it begin?
언제 시작했지요?

Please open your mouth and say 'ah'.
입을 벌리고 '아' 해보세요.

Take a deep breath.
숨을 깊게 들이마시세요.

Let me take your blood pressure.
혈압을 재겠습니다.

Pull up your shirt, please.
셔츠를 올려 주세요.

의사가 간단한 응급치료를 한 뒤 Do you still feel pain?과 같이 묻는 경우가 많은데 이 말을 다른 표현으로 Does it still hurt?(아직도 아프십니까?) 또는 치료 도중 Does it hurt?(아프십니까?)라고도 합니다.

What kind of pain is it? 어떻게 아프십니까?

Do you have pain anywhere else? 그밖에 어디가 아프십니까?

Does it hurt much? 많이 아프십니까?

Does it hurt all the time? 항상 아프십니까?

과별로 의사의 영어 이름도 알아봅시다.

physician 내과 의사
surgeon 외과 의사
dermatologist/ skin specialist 피부과 의사
psychiatrist 정신과 의사
pediatrician 소아과 의사
therapist 임상 의사
orthopedist 정형외과 의사
obstetrician/gynecologist 산과/부인과 의사
dentist 치과 의사
neurosurgeon 신경외과 의사
psychosurgeon 정신외과 의사
plastic surgeon 성형외과 의사
urologist 비뇨기과 의사

3) 치과에서의 대화

치과가 무섭다는 사람들이 많지요. 치과에 갔던 경험, 치과와 관련된 이야기부터 시작하여, 치과에서 사용하는 표현들을 익혀 봅시다.

Do you like to go to the dentist? 넌 치과 가는 거 좋아하니?

I'm scared of going to the dentist. 치과 가는 것이 두려워요.

영어로 잘못 설명해서 엉뚱한 치아를 치료받는다거나 뽑아버리면 영영 돌이킬 수 없겠지요? 정확한 표현들을 사용해 봅시다.

I have a decayed tooth.
충치가 있어요. (decay는 '썩다'이고, decade는 '10년'이에요.)

I'm here to see the doctor.
진찰을 받으러 왔습니다.

I'm not covered by insurance.
어떤 보험도 들지 않았는데요.

I have a loose tooth.
이가 흔들려요.

My gums are inflamed.
잇몸에 염증이 있어요.

My teeth hurt when I eat anything cold.
찬 것을 먹으면 이가 시립니다.

My filling fell out.
이 떼운 것이 떨어져 나갔어요.

I came here for a scaling(cleaning)./ I need to have my teeth cleaned.
스케일링을 하러 왔어요.

3. Practice

1) Pronunciation

Decay [dikéi]는 '썩다'이고, decade [dékeid, dikéid]는 '10년'이에요. 본래 발음이 다르지만, decay의 과거형인 decayed는 decade와 발음이 헷갈릴 수 있어요. Decayed는 두 번째 음절인 a에 강세가 있고, decade는 첫 번째 음절인 e에 강세가 있어요. '썩은 치아'는 'decayed tooth'인데 [데케이드]가 아니라 [디케이드]처럼 발음합니다.

2) Short conversation

① 병원 접수처에서

우리나라에서 개인병원은 예약을 안 받는 곳도 있지만, 종합병원 및 2차, 3차 진료기관은 모두 예약제로 되어 있습니다. 외국에서는 개인병원도 예약제로 되기도 하므로, 예약했을 때의 대화를 익혀 봅시다.

Patient: I have an appointment with Dr. French.

Receptionist: What time is your appointment?

Patient: 3:30.

Receptionist: Can I have your name, please?

Patient: Steve Kim.

Receptionist: Can I see your insurance card?

Patient: Here you are.

Receptionist: Ok. You're all set. Take the elevator to the fourth floor. Dr. French's office is Room 405.

Patient: Thank you.

② 아픈 것에 대한 방법

여기저기 아픈 곳이 있을 때 여러분은 어떻게 하나요? 약을 먹는지, 어떤 방법으로 치료를 하는지, 자신만의 방법을 이야기해 보고, 옆에 있는 사람들과도 이야기해 봅시다.

What do you do when you have...	You	Name A	Name B
a fever?			
a sore throat?			
a stiff neck?			
insomnia?			
a decayed tooth?			
a pain?			

3) Conversation

치과에서의 대화를 들어 봅시다.

Dentist: What can I do for you? How long have you been having the toothache?
뭘 도와드릴까요? 이가 아픈지 얼마나 되셨나요?

Patient: It has been hurting for the past few days.
지난 며칠 동안 계속 아팠어요.

Dentist: When does it hurt?
어떨 때 아프나요?

Patient: Whenever I eat cold food.
찬 음식 먹을 때요.

Dentist: How about when you chew? Doesn't it hurt?
씹을 때는요? 아프지 않나요?

Patient: No, it is okay.
아니요, 괜찮아요.

Dentist: How about hot?
뜨거운 것에는 어떤가요?

Patient: Yes, it hurts.
네, 아파요.

Dentist: Do you know which tooth hurts?
어느 치아가 아픈지 아시겠습니까?

Patient: It is the upper right side. But I don't know exactly which one it is.
오른쪽 위쪽 부분이요. 그런데 정확히 어떤 치아인지를 모르겠어요.

Dentist: First, let me take a look at it.
우선 한번 볼게요.

Quiz

1. 다음 문장에서 괄호에 알맞은 전치사는?

   I'm not covered (   ) insurance.

   어떤 보험도 들지 않았는데요.

   ① by　　② on
   ③ over　　④ for

2. 다음 중 어휘와 뜻이 잘 짝지어지지 않은 것은?

   ① scared - 두려워하는　　② inflamed - 염증이 있는
   ③ near-sighted - 근시인　　④ physician - 외과 의사

3. 다음 한국어의 뜻이 될 때 괄호에 들어갈 가장 적절한 단어는?

   (   ) up your shirt, please.

   셔츠를 올려 주세요.

   ① Put　　② Make
   ③ Pull　　④ Push

4. 다음 한국어의 뜻이 될 때 괄호에 들어갈 가장 적절한 단어는?

   My teeth (   ) when I eat anything cold.

   찬 것을 먹으면 이가 시립니다.

   ① painful　　② aches
   ③ hurt　　④ hurts

5. '전신에 멍이 들었어요.'의 뜻으로 적절한 문장을 고르세요.

   ① I'm black of it.　　② I'm red, blue, and black.
   ③ I'm always black and blue.　　④ I'm all black and blue.

Review

1. 병원 접수처에서의 대화 ★

Please fill out this form.
이 양식에 기재해 주세요.

Do you have a health insurance card?
의료보험증 갖고 오셨나요?

Please wait until I call you.
부를 때까지 기다려 주세요.

2. 의사와의 대화 ★★

Take a deep breath.
숨을 깊게 들이마시세요.

Let me take your blood pressure.
혈압을 재겠습니다.

Pull up your shirt, please.
셔츠를 올려 주세요.

3. 치과에서의 대화 ★★

I have a loose tooth.
이가 흔들려요.

My gums are inflamed.
잇몸에 염증이 있어요.

My teeth hurt when I eat anything cold.
찬 것을 먹으면 이가 시립니다.

콩글리시와 잉글리시의 만남

외국과의 경기에선 누구나 애국자로 만들어버리는 축구경기. 누군가 골이라도 넣으면 환호는 전국을 울립니다. 그런데, '골을 넣다'라는 것을 goal in으로 알고 있지만, 영어로 표현할 때는 make a goal이라고 하는 것이 옳습니다.

너 아니? 내가 골을 넣었어!
Kong: You know? I did goal in.
Eng: You know? I made a goal.

콕콕 집어주는 용어사전

1. far-sighted 원시의
I decided to wear glasses because I'm far-sighted.
난 원시라서 안경을 쓰기로 했어.

2. swollen 부어오른
His eyes were red and swollen from crying.
그는 울어서 눈이 빨갛게 부어올랐다.

3. blood pressure 혈압
Do you take medicine for your high blood pressure?
너 고혈압 약 복용하니?

4. inflamed 염증이 있는
My left ear is inflamed, and it is really aching.
왼쪽 귀에 염증이 생겼는데, 정말 아파.

WEEK 07-1
My Ideal Person

Today's Goal 주요학습내용

이상형에 대해 이야기하기
이상적인 배우자에 대해 이야기하기
이상형을 위해 내가 해줄 수 있는 것 이야기하기

Lecture

1. 어휘

nationality 국적
character 성격
medium 중간의
spouse 배우자
financial 재정적인
manage 관리하다
when it comes to ~에 관한 한
appearance 외모, 용모
average 평균의
ideal 이상적인
take care of 돌보다
excellently 탁월하게
collect 모으다

2. 구문

1) 이상형에 대해 이야기하기

어릴 적 누구나 동화를 읽으면서 동화 속의 왕자님, 공주님이 내게도 찾아오리란 생각 한번쯤 해보지 않나요? 오늘은 나의 이상형에 대하여 영어로 표현해 볼까요? Describe your ideal boyfriend/girlfriend. [dream guy/girl] 여러분의 이상적인 남자친구/여자친구에 대하여 묘사해 봅시다.

Think about. 아래와 같은 것을 생각해 봅시다.

What is your ideal type?
너의 이상형은 무엇이니?

Tell me about your ideal type.
이상형을 말해 봐.

My ideal type is a man with sense of humor.
나의 이상형은 유머감각이 있는 사람이야.

다양한 형용사를 사용하여 나의 이상형에 대하여 이야기해 봅시다.

① 국적(nationality)

I don't care about his/her nationality.
난 그 남자/그 여자의 국적은 상관하지 않아.

I want a Korean. I'm not ready to have a foreign boyfriend.
난 한국인을 원해. 난 외국인 남자친구를 사귈 준비가 되어 있지 않아.

I want to have an American girlfriend.
난 미국인 여자친구를 사귀고 싶어.

② 나이(age)

I want my boyfriend to be older than me.
난 남자친구가 나보다 나이가 많으면 좋겠어.

I want a young girlfriend.
난 어린 여자친구를 원해.

younger 더 어린 **older** 더 나이 든

③ 외모(appearance)

She is very cute and attractive.
그녀는 아주 귀엽고 매력적이야.

He is a tall and handsome guy.
그는 키가 크고 잘생긴 남자야.

beautiful 아름다운
handsome 잘생긴
attractive 매력적인
tall 키가 큰
medium-height 중간 정도의 키
gorgeous 매우 매력적인
nice-looking 잘생긴
pretty 귀여운
thin 마른
short 키가 작은
average-height 평균의 키

④ 성격(character)

He is so considerate and friendly.
그는 매우 신중하고 친근해.

She is outgoing and social.
그녀는 활발하고 사교적이야.

She is very compassionate.
그녀는 아주 인정이 많아.

sincere 진실한
kind 자상한
friendly 사근사근한, 친근한
warm-hearted 따뜻한 마음을 가진
intellectual 지적인
outgoing 활발한
shy 부끄러움을 타는
trustworthy 믿을 만한
hard-working 성실한
considerate 신중하고 배려할 줄 아는
hot-tempered 다혈질인
smart 똑똑한
compassionate 긍휼히 여기는, 인정 많은
social 사교적인
funny 재미있는

⑤ 흥미(interest)

I'm interested in sports. 난 스포츠에 관심이 있어.

art 예술	**fine art** 미술	**sports** 스포츠
religion 종교	**movies** 영화	**travel** 여행

2) 이상적인 배우자에 대해 이야기하기

이상적인 남자친구/여자친구에 대한 내용과 이상적인 배우자에 대한 내용은 조금 차이가 날 수 있습니다. 이 두 가지가 일치한다면 좋겠지만, 대부분의 경우 데이트 상대로서 훌륭한 자질과 배우자로서의 훌륭한 자질은 차이가 나는 것이 현실입니다. 그렇다면 이번에는 내가 생각하는 나의 이상적인 배우자상은 어떤 것인지 이야기해 볼까요?

What kind of spouse do you want?
어떤 배우자를 너는 원하니?

What do you expect from your husband?
당신은 남편에게 무엇을/어떤 것을 기대하시나요?

What are the most important qualities when you choose your spouse?
당신이 배우자를 선택할 때 가장 중요하게 생각하는 것은 무엇입니까?

The most important things are his character, job, and family background.
제일 중요한 것들은 그의 성격, 직업, 그리고 가족 배경이야.

want 목적어 to 부정사: 목적어가 ~하기를 바라다.

I want my spouse to work.
나의 배우자가 일을 하기를 원해.

I want my husband to have free time on weekend.
나의 남편이 주말에는 자유시간이 있기를 원해.

want + [목] + (to be) [보]: ~이기(되기)를 바라다.

I want my spouse not to work.
나의 배우자는 일을 하지 않았으면 좋겠어.

I want my wife to be a housewife.
나의 아내는 전업주부면 좋겠어.

My ideal person is the man/woman who ...: 나의 이상형은 ~한 사람이야.

My ideal person is the man who respects his wife.
나의 이상형은 그의 아내를 존경하는 남자야.

My ideal person is the woman who cooks well and helps take care of her family member.
나의 이상형은 요리를 잘하고 가족을 잘 돌보는 여자야.

... is very important: ~하는 것은 아주 중요해.

Having a warm-hearted mother-in-law is very important for most women.
대부분의 여성들에게는 따뜻한 마음을 가진 시어머니를 얻는 것이 아주 중요해.

The financial support from the husband is very important.
남편으로부터 재정적인 지원을 받는 것이 아주 중요해.

나의 이상형을 만나는 것이 쉽지는 않지요. 특히 이상적인 배우자를 만나는 것이 어렵고 더 깐깐해져서 그렇지요. Mr. Right, Miss Right 하면 나와 딱 맞는 사람을 가리킵니다.

I'm still looking for Miss Right.
난 아직도 이상형을 찾고 있어.

It is so difficult to meet Mr. Right.
이상형을 만나기란 너무 어려워.

3) 이상형을 위해 내가 해줄 수 있는 것 이야기하기

남자남자/여자친구나 남편/아내에 대해 내가 바라는 것들을 쓰라고 하면 한가득 쓸 수 있겠지만, 막상 입장을 바꾸어 '나는 과연 그러한 이상형에게 걸맞은 사람인가?'를 생각해 보면 또 다른 입장이 되지요. 그렇다면, 이번에는 나의 이상형을 위해 내가 준비할 것, 또는 해줄 수 있는 것을 찾아 봅시다.

A: What can you do for your boyfriend/girlfriend?
너의 남자친구/여자친구를 위해 무엇을 해줄 수 있니?

B: I can prepare a wonderful date in a nice restaurant.
좋은 식당에서 멋진 데이트를 준비할 수 있어.

I will make the Valentine's chocolate by myself.
발렌타인 초콜릿을 내가 직접 만들 거야.

I'll write a letter for him.
그를 위해 편지를 써줄 거야.

I'll go to see the movies with her.
그녀와 같이 영화보러 갈 거야.

A: What can you do for your spouse?
너의 배우자를 위해 넌 무엇을 할 수 있니?

What can you prepare to be a good spouse?
좋은 배우자가 되기 위해 넌 무엇을 준비할 거니?

B: I'll learn to cook well with the recipe books.
요리책들로 요리 잘할 수 있도록 배울 거야.

I'll study hard to get a better job.
더 좋은 직업을 얻도록 열심히 공부할 거야.

I'll take an exercise to stay healthy. Being healthy is important to be a good wife/husband.
건강을 유지하기 위해 운동을 할 거야. 좋은 아내/남편이 되기 위해 건강한 것은 중요해.

I'll manage the home excellently.
탁월하게 가정을 관리할 거야.

I'll collect money for the future.
미래를 위해 돈을 모을 거야.

어떻게 미래의 배우자를 위해 (또는 결혼했다면, 현재의 배우자를 위해) 어떤 것을 준비할지 생각하고 영어로 이야기해 봅시다.

3. Practice

1) Pronunciation

'이상적인'인 ideal [aidíːl]과 '아이디어'인 idea [aidíːə]의 발음을 구분해서 잘 하도록 합시다. 끝에 l 발음을 넣고 빼는 여부를 정확하게 해주면 됩니다.

2) Short conversation

① 이상형에 대한 대화

A: What is your type?

B: Maybe a cute girl with a good personality.

A: Is that all?

B: Um... I like a girl who sings well. Since I'm also interested in music, I want to meet a girl who is talented in music. Then, we can sing songs together, and go to see the musicals.

A: Wow, I hope that you can meet your Miss Right.

② 이야기하기

옆에 있는 친구들과, 나의 이상형에 대하여 국적, 나이, 직업, 흥미 등 여러 가지를 이야기해 봅시다.

What is your ideal type?	You	Name A	Name B
nationality			
not care			
age			
job			
interest			

3) Conversation

대화를 읽어 봅시다.

Jude: Today, let's talk about the ideal type. Jin, what is your ideal type?
오늘은 이상형에 대하여 이야기해 보자. 진, 너의 이상형은 무엇이니?

Jin: I like girls who are compassionate. When it comes to appearance, I like girls with long hair.
난 인정 많은 여자를 좋아해. 외모로 보자면 긴 머리 여자가 좋아.

Jude: Good. When I find that kind of person, I'll introduce her to you. Um... one more question! What about age?
좋아. 그런 사람 보면, 너한테 소개해 줄게. 음… 질문 하나 더! 나이는 어때?

Jin: I don't care about the age. Thank you in advance.
나이는 상관하지 않아. 미리 고마워.

Quiz

1. 다음 문장에서 괄호에 알맞은 전치사는?

My ideal person is the woman who cooks well and helps take care (   ) her family member.

나의 이상형은 요리를 잘하고 가족을 잘 돌보는 여자야.

① of ② on

③ over ④ for

2. 다음 중 어휘와 뜻이 잘 짝지어지지 않은 것은?

① trustworthy - 믿을 만한 ② hot-tempered - 따뜻한 마음을 가진

③ attractive - 매력적인 ④ average-height - 평균의 키

3. 다음 한국어의 뜻이 될 때 괄호에 들어갈 가장 적절한 단어는?

The (   ) support from the husband is very important.

남편으로부터 재정적인 지원을 받는 것이 아주 중요해.

① money ② bank

③ financial ④ finance

4. 다음 한국어의 뜻이 될 때 괄호에 들어갈 가장 적절한 단어는?

I'm still looking for my Miss (   ).

난 아직도 내 이상형을 찾고 있어.

① Right ② Dreamer

③ Idea ④ Stylish

5. '그녀는 활발하고 사교적이야.'의 뜻으로 적절한 문장을 고르세요.

① She is outgoing and society. ② She is ingoing and social.

③ She is outgoing and social. ④ She is outgoing and shy.

Review

1. 이상형에 대한 대화 ★

What is your ideal type?
너의 이상형은 무엇이니?

Tell me about your ideal type.
이상형을 말해 봐.

My ideal type is a man with sense of humor.
나의 이상형은 유머감각이 있는 사람이야.

2. 이상적인 배우자에 대해 이야기하기 ★★

What do you expect from your husband?
당신은 남편에게 무엇을/어떤 것을 기대하시나요?

What are the most important qualities when you choose your spouse?
당신이 배우자를 선택할 때 가장 중요하게 생각하는 것은 무엇입니까?

The most important things are his character, job, and family background.
제일 중요한 것들은 그의 성격, 직업, 그리고 가족 배경이야.

3. 이상형을 위해 내가 해줄 수 있는 것 이야기하기 ★★

What can you do for your boyfriend/girlfriend?
너의 남자친구/여자친구를 위해 무엇을 해줄 수 있니?

I can prepare a wonderful date in a nice restaurant.
좋은 식당에서 멋진 데이트를 준비할 수 있어.

I'll study hard to get a better job.
더 좋은 직업을 얻도록 열심히 공부할 거야.

콩글리시와 잉글리시의 만남

선글라스는 외래어로 한국어에서도 정착이 되었는데요, 정확한 영어 표현으로는 sunglass가 아니라 안경은 눈이 두 개이므로 복수를 써서 sunglasses 라고 해야 합니다.

너 선글라스 가져왔니?
Kong: Did you bring your sunglass?
Eng: Did you bring your sunglasses?

콕콕 집어주는 용어사전

1. gorgeous 매우 매력적인
I am a lucky guy because my girlfriend is really gorgeous.
내 여자친구가 정말 멋지니깐 난 아주 행운아지.

2. considerate 신중하고 배려할 줄 아는
I think people should be more considerate of others when going to the movies.
사람들이 극장에서 영화를 볼 때 다른 사람들을 좀 배려해야 한다고 생각해.

3. spouse 배우자
It can help the people find their spouse more easily.
이건 사람들이 좀 더 쉽게 배우자를 찾을 수 있도록 도와 줘.

4. manage 경영하다, 관리하다
Who will manage while the boss is away?
사장이 없을 때는 누가 관리를 하니?

WEEK 07-2
Dating

Today's Goal 주요학습내용

데이트 주선하기 / 만남과 헤어짐
데이트와 결혼에 대한 이야기들

Lecture

1. 어휘

available 이용가능한, ~할 수 있는, 시간이 있는
religion 종교
conflict 갈등
arrange 주선하다, 계획하다
arranged marriage 중매결혼
artificial 인위적인
catch 손에 넣을 가치가 있는 사람[것], (특히) 결혼의 좋은 상대, 횡재한 물건
match 잘 어울리다, 경기, 성냥
matchmaker 중매장이
face to face 직접 만나서
break up 헤어지다
go Dutch 각자 지불하다

참고 17~18세기에 영국과 네덜란드는 세계 무역의 주도권을 둘러싸고 격전을 벌였음. 따라서 영국에서 네덜란드를 의미하는 형용사 Dutch는 경멸적인 의미를 포함하고 있습니다. 이러한 이유로 '각자 부담하다'라는 관용구인 go Dutch 대신에 Let me share the bill.[=Let's split[separate] the bill. / Let's go fifty-fifty.] (비용을 반씩 부담으로 합시다)로 말하는 사람도 많다고 합니다.

---

share 나누다
one-sided love 짝사랑
love at first sight 첫눈에 반하는 사랑
divorce 이혼하다
in turn / take it in turns (~을) 교대로 하다
unconditional 조건 없는
fall in love with ~와 사랑에 빠지다

---

2. 구문

1) 데이트 주선하기

처녀 총각의 나이가 차기 시작하면, 주위에서는 늘 애인 없냐는 질문을 어김없이 합니다. 묻지만 말고, 좋은 사람 있으면 소개시켜 달라는 이야기를 해주고 싶지요.

A: Do you have a boyfriend/girlfriend?
너 남자친구/여자친구 있니?

B: No, I'm. = I'm single.
아니, 난 아직 혼자야.

(Your own answer) ________________________________.

available이란 단어는, 물건의 경우 '이용 가능한'의 뜻으로, There is a room available.(이용할 수 있는 방이 있습니다), The microphone is available in this classroom.(이 교실에서 마이크가 사용 가능합니다) 등으로 쓰일 수 있는데, 사람이 아직 available하다는 것은, 혼자라는 의미로도 쓰일 수 있습니다.

A: Should the man be older than the woman? Explain your opinion.
남자가 여자보다 더 나이가 많아야 하니? 너의 의견을 이야기해 봐.

B: The man should be older than the woman because the man should lead the woman.
남자가 여자를 이끌어야 하니까 남자가 더 나이가 많아야 해.

I want the woman to be like my mother, so I prefer the woman who is older than me.
난 엄마같은 여자가 좋아. 그래서 나보다 나이가 더 많은 여자를 좋아해.

I want my girlfriend to be the same age with me. Then, it will be much comfortable.
난 내 여자친구가 나와 같은 나이면 좋겠어. 그러면 더 편안할 거야.

(Your own answer) ____.

A: Is it okay to date or marry someone from another culture?
다른 문화에서 온 사람과 데이트하거나 결혼하는 것은 괜찮을까?

B: Dating with a foreigner is wonderful. I want to experience the culture of another country through my foreign friend.
외국인과 데이트하는 것은 멋진 일이야. 난 외국인 친구를 통해 다른 나라의 문화도 함께 경험하고 싶어.

I think we should be more considerate when we choose to marry a person from another culture. It's not really easy to understand the foreign culture.
다른 문화에서 온 사람과 결혼하는 것에는 좀 더 신중해야 한다고 생각해. 외국 문화를 이해하는 것은 정말 쉽지 않거든.

(Your own answer) ____.

A: Is it okay for people of different religions to date?
다른 종교를 가진 사람들이 데이트하는 것은 괜찮을까?

B: I think it's okay because people can understand other religions while they date.
난 괜찮다고 봐. 사람들은 데이트하면서 다른 종교들에 대해 이해할 수도 있거든.

I think that it can make conflicts between the two.
난 그렇게 하면 두 사람 사이에 갈등이 생길 거라고 생각해.

(Your own answer) ____.

2) 만남과 헤어짐

결혼 소식을 알리기 위해 청첩장을 돌리는 사람들에게 하는 질문 중의 하나는 '어떻게 만났어요?'입니다.

① 어떻게 만났나요?

There are various types of arranged marriages. 중매결혼에도 여러 종류가 있답니다.

- A forced marriage
  가족 간에 맺어진 결혼으로 가족이 결정하여 결혼해야 하는 것이지요.
- A modern arranged marriage
  부모님이 소개해 주고, 당사자들은 연애기간을 가지면서 결혼할지를 선택하게 됩니다.
- An introduction-only arranged marriage
  소개만 받고, 그 이후에 계속 만날지는 본인들이 결정합니다.

A: Do you agree with arranged marriages?
너는 중매결혼에 동의하니?

B: I don't agree. I think the arranged marriage is too artificial.
난 동의하지 않아. 중매결혼은 너무 인위적이라고 생각해.

I agree with it. We can choose whether to continue the date and to marry.
난 동의해. 우리는 계속 만날지, 결혼할지에 대해 선택할 수 있잖아.

(Your own answer) ____.

② 만남

데이트를 신청할 때 쓸 수 있는 표현들입니다.

Are you busy this weekend?
이번 주말에 바빠?

May I   this weekend?
이번 주말에 만날 수 있을까요?

What are your plans for this weekend?
이번 주말 계획은 뭐야?

I've got two concert tickets. Are you interested in going?
콘서트 티켓 두 장이 생겼는데 같이 갈래?

Would you like to go somewhere?
어디 가고 싶은 곳 있어?

Would you like to go to a movie?
영화보러 가고 싶지 않니?

Do you like the musical?
뮤지컬 좋아해?

Let me buy you a drink sometime.
내가 한턱낼 수 있는 기회를 줘

Just have lunch with me.
점심식사라도 함께 하자.

파트너에 대한 이야기를 해봅시다.

A: How was the man whom you met yesterday?
네가 어제 만났던 그 남자는 어땠니?

B: He is such a catch.
그는 정말 괜찮은 사람이야. (catch는 '결혼 상대자로 좋은 사람'이란 뜻이 있어요.)

I want to get to know him.
그에 대해 더 알아가고 싶어.

You are a matched couple.
너희는 잘 어울리는 한 쌍이구나.

You are a good matchmaker.
당신은 좋은 중매쟁이예요.

③ 헤어짐

만남이 있으면 헤어짐이 있을 때도 있지요. You've decided to end your three-month relationship with your boyfriend/girlfriend. 당신의 남자친구(여자친구)와의 세 달간의 만남을 끝내기로 결심했습니다.

A: How would you tell him/her?
그/그녀에게 어떻게 말할 겁니까?

B: I will tell him face to face.
직접 만나서 이야기하겠어요.

I will phone him and tell him it was over.
전화해서 이제 끝났다고 이야기하겠어요.

I will write to him.
그에게 편지를 쓰겠어요.

(Your own answer) ______________________________.

A: Where is your girlfriend Mary?
네 여자친구 메리는 어디에 있니?

B: We broke up.
우리 헤어졌어.

3) 데이트와 결혼에 대한 이야기들

데이트와 결혼은 항상 이야기해도 흥미 있는 주제가 됩니다. 인류의 영원한 소재가 되지 않나 싶네요. 이와 관련된 내용들에 대하여 영어로 이야기해 봅시다.

① 돈의 지불

Should the man always pay on a date? Should they go Dutch? 남자가 데이트에서 항상 돈을 지불해야 하나요? 각자 내야 하나요?

A: How do you pay when you date?
데이트를 할 때 돈의 지불은 어떻게 하나요?

B: I usually pay the bill for both of us.
내가 보통 두 명 가격을 다 지불해.

I expect my boyfriend to pay.
내 남자친구가 지불하기를 기대해.

I share the bill.
나눠서 지불해.

We take it in turns to pay.
우리는 돌아가면서 돈을 내.

(Your own answer) ____.

② 사랑에 대한 이야기

A: What do you think about 'one-sided love'?
짝사랑에 대해 어떻게 생각하나요?

B: I feel that 'one-sided love' is very beautiful. It is an unconditional love.
난 짝사랑이 정말 아름답다고 느껴. 조건 없는 사랑이잖아.

(Your own answer) ____.

A: Do you believe in 'love at first sight'?
첫눈에 반하는 사랑을 믿나요?

B: I believe it. Actually, I had the experience.
난 믿어. 사실, 난 경험이 있어.

(Your own answer) ____.

A: How do you feel when you fall in love with someone?
누군가와 사랑에 빠질 때 기분이 어떤가요?

B: I get joyful all day long.
하루 종일 즐거워져요.

③ 결혼

두 사람의 만남이 결혼으로 이어지게 되는 것은 만남의 꽃이라고 할 수 있지요.

A: Why do people get married?
사람들은 왜 결혼을 할까?

B: I think people marry because they love each other. People want to have more time with the person whom they love.
서로 사랑하니까 결혼한다고 생각해. 사랑하는 사람과 더 많은 시간을 함께 하고 싶잖아.

(Your own answer) ____.

A: Why do people get divorced?
사람들은 왜 이혼을 할까?

B: When they do not love any more, they get divorced.
더 이상 서로를 사랑하지 않으면 이혼하지.

B: I think that people get divorced when there are serious problems between the two.
서로 간에 심각한 문제가 있으면 이혼하게 된다고 생각해.

(Your own answer) ______________________________________.

3. Practice

1) Pronunciation

fall 발음은 [fɔːl]으로 발음되는데요, 한국어로 정확하게 대응되지는 않지만 굳이 표기한다면 [폴]보다는 [펄]에 가깝다고 볼 수 있어요. Mall, all 등도 마찬가지로 모음 발음에 유의합시다.

2) Short conversation

① 엄마와 딸

Mother: Jinny, don't you see anyone?
지니야, 너는 만나는 사람 없니?

Daughter: No, as you know, I don't have any boyfriend yet.
알다시피 아직 남자친구가 없잖아.

Mother: Why don't you see this man? He is the son of my friend.
이 남자 만나 보면 어때? 내 친구 아들이야.

Daughter: Um... Tell me more about him.
음, 좀 더 말해 봐.

Mother: I've heard that he is handsome and kind. Now he works in a bank.
잘생기고 자상하다고 하더라. 지금은 은행에서 일해.

Daughter: What's his age?
나이는 어떻게 되는데?

Mother: He is three years younger than you.
너보다 세 살 적어.

Daughter: Oh, he is too young.
오, 너무 어린데.

② 의견 나누기

옆 사람이나 가까이 있는 사람들과 사랑, 데이트, 결혼에 대한 의견을 나누어 봅시다.

What do you think of	You	Name A	Name B
one-sided love?			
love at first sight?			
dating with a person from another culture?			
dating with a person who has a different religion?			
getting married in an early age?			
going Dutch on a date?			

3) Conversation

데이트 상황의 대화입니다.

A: I'm sorry I'm a little late.
미안, 내가 좀 늦었지.

B: It's ok. I just got here too.
괜찮아, 나도 방금 왔어.

A: We got about 10 minutes left before the movie starts.
영화 시작하려면 10분 남았어.

B: Did you buy the tickets?
표는 샀니?

A: Yep, I expect it a lot.
응, 정말 기대된다.

B: Ken Brian is starring this movie, right?
켄 브라이언이 주인공으로 영화에 나오지?

A: Yes, he was very impressive in Man-In-Black.
응, 난 맨인블랙에서 나온 켄 브라이언이 정말 인상적이었어.

A: Hey, do you want something to drink?
근데, 뭐 좀 마실래?

B: Yeah, I was about to get thirsty.
응, 나도 목마르던 참이었어.

A: Yeah? Let's get some cocks then.
그래? 그럼 콜라 마시자.

B: We can drink during the movie. Let's go.
응, 영화보면서 마시면 되겠다. 어서 가자.

구문에서 배운 내용들을 토대로 여러 대화를 구성하여 진행해 봅시다.

- 이성친구가 있는지 물어보고 이상형을 물어보는 상황
- 짝사랑 또는 첫눈에 반하는 것에 대한 대화
- 결혼을 하는 이유
- 다른 문화에서 온 사람이나 종교가 다른 사람과의 데이트와 결혼에 대한 대화

Quiz

1. 다음 문장에서 괄호에 알맞은 전치사는?

   Is it okay to date or marry someone (   ) another culture?
   다른 문화에서 온 사람과 데이트하거나 결혼하는 것은 괜찮을까?

   ① from　　② on
   ③ over　　④ for

2. 다음 중 어휘와 뜻이 잘 짝지어지지 않은 것은?

   ① matchmaker - 중매쟁이　　② go Dutch - 각자 지불하다
   ③ one-only love - 짝사랑　　④ arranged marriage - 중매결혼

3. 다음 한국어의 뜻이 될 때 괄호에 들어갈 가장 적절한 단어는?

   We take it in (   ) to pay.
   우리는 돌아가면서 돈을 내.

   ① round　　② Dutch
   ③ turns　　④ next

4. 다음 한국어의 뜻이 될 때 괄호에 들어갈 가장 적절한 단어는?

   Why do people (   ) divorced?
   사람들은 왜 이혼을 할까?

   ① get　　② take
   ③ make　　④ getting

5. '내가 보통 두 명 가격을 다 지불해.'의 뜻으로 적절한 문장을 고르세요.

   ① I share the bill.
   ② I go Dutch.
   ③ I usually pay the bill for both of us.
   ④ I split the bill.

Review

1. 데이트 주선하기

I'm still available.
난 아직 혼자야.

The man should be older than the woman because the man should lead the woman.
남자가 여자를 이끌어야 하니까 남자가 더 나이가 많아야 해.

I want the woman to be like my mother, so I prefer the woman who is older than me.
난 엄마 같은 여자가 좋아. 그래서 나보다 나이가 더 많은 여자를 좋아해.

2. 만남과 헤어짐

Do you agree with arranged marriages?
너는 중매결혼에 동의하니?

I agree with it. We can choose whether to continue the date and to marry.
난 동의해. 우리는 계속 만날지, 결혼할지에 대해 선택할 수 있잖아.

Would you like to go somewhaere?
어디 가고 싶은 곳 있어?

We broke up.
우리 헤어졌어.

3. 데이트와 결혼에 대한 이야기들

Should the man always pay on a date? Should they go Dutch?
남자가 데이트에서 항상 돈을 지불해야 하나요? 각자 내야 하나요?

I share the bill.
나눠서 지불해.

We take it in turns to pay.
우리는 돌아가면서 돈을 내.

콩글리시와
잉글리시의
만남

Hotchikiss vs. Stapler

호치키스라고 부르는 문구용품은 호치키스라는 사람이 개발한 것이라고 합니다. 하지만 영어로는 호치키스가 아니라 stapler라고 하는 것이 맞습니다.

내 스테이플러 어디 있지?
Kong: Where is my hotchikiss?
Eng: Where is my stapler?

콕콕
집어주는
용어사전

1. single 혼자인
I'm still single.
나 아직 혼자야.

2. religion 종교
Do you have any religion?
종교를 가지고 있나요?

3. artificial 인위적인
I feel it is too artificial.
난 이게 너무 인위적인 것 같아.

4. face to face 직접 만나서
I'm going to tell him face to face.
그를 직접 만나서 이야기할 거야.

WEEK 08-1
Transportation

Today's Goal 주요학습내용

내가 사용하는 교통수단 / 교통수단의 장단점
가장 좋은 교통수단 찾기

Lecture

1. 어휘

subway 전철
on foot 걸어서
convenient 편리한
abroad 국외로, 해외로
disadvantage 단점
crowded 붐비는, 혼잡한
traffic jam 교통체증
reduce 줄이다
traffic regulation 교통법규
coach 대형 장거리 버스
bicycle 자전거
public transport 대중교통
suburb 교외, 근교, 부근
advantage 장점
punctual 약속한 시간을 엄수하는
transfer 갈아타다
be skillful at ~에 능숙하다
traffic accident 교통사고
smoky 연기 나는

2. 구문

1) 내가 사용하는 교통수단

조선시대나 예전의 생활상을 보면 교통수단이 발달하지 않아서 신분이 높은 사람들은 가마나 말을 타는 것이 전부였고, 그렇지 않으면 다들 걸어 다녔습니다. 지금은 비행기 타면 세계도 일주할 수 있으니 이 얼마나 큰 변화인가요? 이번 과에서는 교통수단에 대하여 이야기해 봅시다.

A: How do you get to work every day?
매일 직장에 뭘 타고 가나요?

How do you go to school each day?
날마다 학교에 어떻게 가나요?

B: I get to [go to] school by bus.
버스를 타고 가요.

---

by subway 지하철을 타고
by bicycle 자전거를 타고
on foot 걸어서
by car 차를 타고
by airplane 비행기를 타고

다른 교통수단들은 by+관사 없이 교통수단 이름을 넣으면 되는데, '걸어서'는 'on foot'을 사용합니다. 또한 I walk to school. 이렇게 표현할 수도 있습니다.

'비행기를 타고 가다'라는 표현 역시, I go to Jejudo(Jeju Island) by airplane.(제주도에 비행기를 타고 가다)라고 쓸 수 있지만, I fly to Jejudo(Jeju Island).라고 쓸 수 있습니다.

A: Do you use public transport?
대중교통을 이용하나요?

B: Yes, I usually use subway. It is very convenient.
네, 저는 보통 지하철을 이용해요. 아주 편리해요.

A: When do you use your car?
당신의 차는 언제 이용하나요?

B: I usually use my car on weekends when my family go to the suburbs.
주말에 가족들이 교외로 나갈 때, 차를 보통 이용해요.

A: Do you use the shuttle bus?
셔틀버스를 이용하나요?

B: Yes, I use the shuttle bus to get to the subway station.
네, 지하철 역에 가기 위해서 셔틀버스를 이용해요.

A: Do you often take an airplane?
비행기를 종종 타나요?

B: Yes, when I go abroad, I take an airplane.
네, 외국에 갈 때 비행기를 타요.

교통수단을 '타다'라고 할 때, '이용하다'의 use도 사용하지만, take도 사용합니다.

2) 교통수단의 장단점

여러 교통수단의 장단점에 대해 이야기해 봅시다.

A: What are the advantages of public transport?
대중교통의 장점은 무엇인가요?

B: The subway always makes me punctual.
지하철은 항상 내가 시간을 엄수하도록 해줘요.

I can take a rest in subway or in a bus.
지하철이나 버스 안에서 휴식을 취할 수 있어요.

I can save money.
돈을 아낄 수 있어요.

(Your own answer) ______________________________.

A: What are the disadvantages of public transport?
대중교통의 단점은 무엇인가요?

B: Sometimes, I can't find a seat to take, and it makes me tired.
때때로 앉을 자리를 찾을 수가 없고, 그래서 피곤하게 해요.

It is too much crowded.
너무 사람이 많아요.

I have to walk a lot to transfer.
갈아타기 위해서 많이 걸어야 해요.

(Your own answer) ____.

A: What are the advantages of private cars?
개인 자가용의 장점은 무엇인가요?

B: We can have the private space.
사적인 공간을 가질 수 있어요.

It is very comfortable to take children.
아이들을 데리고 다니기에 훨씬 편리해요.

I don't need to walk.
걸을 필요가 없어요.

(Your own answer) ____.

A: What are the disadvantages of private cars?
개인 자가용의 단점은 무엇인가요?

B: It takes too much money to use a private car.
개인 자가용을 이용하면 돈이 너무 많이 들어요.

Sometimes there is a traffic jam.
때때로 교통 체증이 있어요.

I'm not skillful at driving.
난 운전이 능숙하지 않아요.

(Your own answer) ____.

3) 가장 좋은 교통수단 찾기

매일매일 우리의 생활에서 반드시 필요한 것이 교통수단이다 보니, 보다 편리하며 효과적으로 이용할 수 있는 방안을 간구하는 것도 필요할 겁니다.

A: Traffic jams make people waste a lot of time. How can traffic jams be reduced?
교통체증은 사람들이 많은 시간을 낭비하게 만들지. 교통체증을 어떻게 줄일 수 있을까?

I want to shorten a lengthy commute. Is there any way?
통근시간이 길어서 줄이고 싶어. 방법이 있을까?

B: Wake up earlier and leave a little early to beat the traffic. That's what I do.
교통혼잡을 피하려면 좀 더 일찍 일어나서 일찍 나가. 난 그렇게 해.

(Your own answer) ______________________________.

A: Traffic accidents harm the families. How can the number of traffic accidents be reduced?
교통사고는 가족들에게 해를 입히지. 교통사고의 숫자를 어떻게 줄일 수 있을까?

B: I suppose that we should not drive over the speed limit.
속도제한을 넘어서 운전하면 안 된다고 생각해.

I try not to drive at night.
밤에는 운전을 안 하려고 해.

I try to obey the traffic regulations.
교통법규를 지키려고 노력해.

(Your own answer) ______________________________.

A: Many cars have only one person in them. What do you think of 'car pooling' (the sharing of cars)?
많은 차들이 한 명만 태우고 있지. 카풀에 대해서 어떻게 생각하니?

B: I'd like to do the car pooling, but it's hard to find the person who can share the car.
나는 카풀을 하고 싶긴 한데, 같이 할 수 있는 사람을 찾기가 힘들어.

(Your own answer) ______________________________.

A: What will the transport of the future look like?
미래의 교통수단은 어떨 것 같니?

B: I'm pretty sure that there will be more electronic cars which are not smoky.
연기가 나지 않는 전기차들이 더 많아질 거라고 생각해.

(Your own answer) ______________________________.

가장 좋은 교통수단 찾기

(아래는 히스로에서 옥스퍼드로 가는 길에 대한 이메일 문의에 대하여 옥스퍼드 대학 관계자의 답장이 온 내용입니다.)

There are some very good coaches that leave from Heathrow to Oxford every 30 minutes. See the link below for further details. When you arrive in Heathrow if you follow the signs to the bus terminal, and look for the Airline bus to Oxford — it will be well signed I am sure.

히스로에서 옥스퍼드까지 30분마다 떠나는 아주 좋은 대형 장거리 버스가 있습니다. 더욱 자세한 내용(세부사항은)은 아래의 링크를 보세요. 히스로에 도착해서 버스 정류장으로 향하는 표시를 따라가서 옥스퍼드로 향하는 공항버스를 찾아보면 표지판이 잘 되어 있을 것입니다.

Ask the driver to drop you off at the High Street stop, near Queens Lane. The College is not very far from this stop as you can see on the map attached. If you have luggage you could always jump in a taxi from this stop to save your effort.

운전기사에게 Queens Lane 근처의 High Street 정류장에서 당신을 내려달라고 부탁하세요. 첨부된 지도에서 알 수 있듯이 대학은 이 정류소에서 그다지 멀지 않습니다. 짐을 가지고 계시다면, 당신의 노고를 덜기 위해 이 정류장에서 언제든지 택시를 타실 수 있습니다.

http://www.oxfordbus.co.uk/main.php?page_id=23

I would recommend this as the best way to get from Heathrow to Oxford without any hassle or waiting at Heathrow.

저는 이것이 히스로에서 옥스퍼드로 올 때 번잡하거나 기다리는 것 없이 갈 수 있는 가장 좋은 방법으로 추천합니다.

3. Practice

1) Pronunciation

tr이 함께 올 때 tr 발음은 'tr'이라는 자음군으로서 /t/와 /r/이 각각 발음되면서 합쳐져서 소리가 납니다. travel [trævl], trip [trip], train [trein] 외에도 true, try, trouble, attraction 등의 단어들이 있습니다. tr을 제대로 발음하려면 /r/ 발음을 알아야 합니다. /r/은 혀끝을 떨게 하면서 나는 소리인데, 한글 'ㄹ'과는 거리가 멉니다. '트'보다는 '츄'처럼 발음이 됩니다. travel, trip, train 발음을 해봅시다.

2) Short conversation

① 어떤 교통수단이 가장 저렴하다고 말할 때

A: What's the cheapest way to travel?
무엇을 타고 여행하는 게 가장 저렴한가요?

B: The subway is the cheapest.
지하철이 가장 싸요.

② 교통수단에 대한 대화

A: Jay, do you walk to school?
제이야, 학교 갈 때 걸어가니?

B: Yes, why?
응, 왜?

A: I can pick you up every morning, if you want.
네가 원하면 학교 갈 때 아침마다 데리러 올게.

B: No thanks. Because walking is a good exercise.
아냐, 괜찮아. 걷는 건 좋은 운동이거든.

3) Conversation

대화를 읽어 봅시다.

Youngmin: Excuse me. How can I get to the City Hall?
실례합니다. 시청까지 어떻게 갈 수 있나요?

John: You can take the subway.
지하철을 타면 되요.

Youngmin: Which line should I take?
몇 호선을 타면 되나요?

John: Line number two or number one.
2번이나 1번 노선요.

Youngmin: Thank you. Isn't there any other way?
감사합니다. 또 다른 방법은 없지요?

John: You can also take bus, but I think the subway is better.
There can be a traffic jam when you go by bus.
버스도 탈 수 있지만, 내 생각엔 지하철이 나을 것 같아요.
버스로 갈 때는 교통체증이 있을 수도 있어요.

Youngmin: Thank you so much.
정말 감사합니다.

Quiz

1. 다음 문장에서 괄호에 알맞은 전치사는?

   I get to school (   ) foot.
   저는 걸어서 학교에 가요.

   ① of　　② on
   ③ over　　④ for

2. 다음 중 어휘와 뜻이 잘 짝지어지지 않은 것은?

   ① suburb - 교외, 근교　　② disadvantage - 단점
   ③ traffic jam - 교통 체증　　④ smoke - 연기가 있는, 연기가 나는

3. 다음 한국어의 뜻이 될 때 괄호에 들어갈 가장 적절한 단어는?

   When I go (   ), I take the airplane.
   외국에 갈 때 비행기를 타요.

   ① aroad　　② abroad
   ③ foreign　　④ suburb

4. 다음 한국어의 뜻이 될 때 괄호에 들어갈 가장 적절한 단어는?

   I have to walk a lot to (   ).
   갈아타기 위해서 많이 걸어야 해요.

   ① transfer　　② transport
   ③ take　　④ go

5. '교통법규를 지키려고 노력해.'의 뜻으로 적절한 문장을 고르세요.

   ① I try obeying the traffic regulations.
   ② I try to obeyed the traffic regulations.
   ③ I try to obey the traffic regulations.
   ④ I try to obey to the traffic regulations.

Review

1. 내가 사용하는 교통수단 ★

How do you get to work every day?
매일 직장에 뭘 타고 가나요?

I get to [go to] school by bus.
버스를 타고 가요.

When do you use your car?
당신의 차는 언제 이용하나요?

I usually use my car on weekends when my family go to the suburbs.
주말에 가족들이 교외로 나갈 때, 차를 보통 이용해요.

2. 교통수단의 장단점 ★★

The subway always makes me punctual.
지하철은 항상 내가 시간을 엄수하도록 해줘요.

Sometimes, I can't find a seat to take, and it makes me tired.
때때로 앉을 자리를 찾을 수가 없고, 그래서 피곤하게 해요.

It is too much crowded.
너무 사람이 많아요.

I have to walk a lot to transfer.
갈아타기 위해서 많이 걸어야 해요.

3. 가장 좋은 교통 수단 찾기 ★★

Traffic jams make people waste a lot of time.
교통체증은 사람들이 많은 시간을 낭비하게 만들지.

Traffic accidents harm the families.
교통사고는 가족들에게 치명적인 해를 입히지.

I suppose that we should not drive over the speed limit.
속도제한을 넘어서 운전하면 안 된다고 생각해.

I try not to drive at night.
밤에는 운전을 안 하려고 해.

I try to obey the traffic regulations.
교통법규를 지키려고 노력해.

콩글리시와 잉글리시의 만남

밀가루를 갤 때, 시멘트를 섞을 때 사용하는 기구가 mixer이고, 과일이나 음식을 액체 상태로 만들어 혼합할 때는 blender를 사용합니다.

과일 주스를 만들 테니 믹서기를 사용하자.

Kong: Let's use the mixer to make a fruit juice.

Eng: Let's use the blender to make a fruit juice.

콕콕 집어주는 용어사전

1. on foot 걸어서

I came here on foot. My house is very near here.

걸어서 왔어. 우리 집이 여기서 가까워.

2. traffic jam 교통체증

There was a traffic jam.

교통체증이 있었어.

3. abroad 국외로, 해외로

I'm going to go abroad.

외국에 나갈 계획이야.

4. smoky 연기 나는

Let's move into the other place. It's too smoky.

다른 장소로 옮기자. 여기는 너무 연기가 자욱해.

WEEK 08-2
Traffic

Today's Goal 주요학습내용

해외에서 교통편 이용하기
교통편 이용 중 요청하는 표현들
직접 운전하기

Lecture

외국에 나갔을 때 당장 부딪히는 문제가 교통편이지요. 돌다리도 두들겨 보고 건너라고 했는데, 하물며 모르는 길이야 말할 필요가 없을 겁니다. 다양한 표현들을 익혀 봅시다.

1. 어휘

get off 내리다
fare 요금
a car rental company 렌터카 회사
prefer 선호하다
insurance 보험
central line 중앙선
information desk 안내 데스크
city center 시내 중심지
destination 목적지
include 포함하다
minor traffic accident 경미한 교통사고
a speeding ticket 속도위반 딱지

parking violation	주차위반	**fine**	벌금
illegally	불법으로	**congestion**	혼잡

2. 구문

1) 해외에서 교통편 이용

간단한 표현/구문들을 활용하여 해외에서 교통편을 이용할 때 사용할 수 있는 표현들을 익혀 봅시다.

① Wh~ 의문사를 활용한 장소/요금/출발시간에 대한 문의

Where is the ticket office?
매표소는 어디에 있나요?

Where should I get off?
어디서 내려야 하나요?

'타다'는 get on, '내리다'는 get off를 사용하는데, 교통수단이 무엇이냐에 따라 타다에서 get on을 쓰기도 하고, get in을 쓰기도 합니다. 무조건 외우기보다는, 전치사의 용례를 이해하면 고개가 끄덕여지는데요, on이란 표면, in은 내부 안을 뜻하는 전치사이므로, 교통수단에서 표면에 서 있을 수 있으면 get on을, 설 수 없는 경우 get in이라고 이해해도 좋습니다. 그래서 앉을 수밖에 없는 차는 get in the car라고 하고, 버스, 지하철처럼 표면에 서서 갈 수 있는 것은 get on the bus, get on the subway로 쓸 수 있습니다.

Where should I change trains?
어디에서 열차를 갈아타야 하나요?

Where do I get to the airport bus?
공항버스는 어디에서 타나요?

Where is the information desk for the tourist?
여행자를 위한 안내 데스크는 어디에 있어요?

Where is the taxi stand?
택시 승차장은 어디에 있나요?

버스 정류장은 bus stop, 지하철역은 subway station인데, 택시는 달리다가 멈춘다기보다는 이미 정지한 상태로 기다리는 경우들이 많으므로 taxi stand라고 합니다.

Where is the nearest bus stop?
가장 가까운 버스 정류장은 어디에 있나요?

the+형용사 est는 최상급의 표현을 만들 수 있습니다. 최고의 방법을 찾을 때 사용해 봅시다.

What is the best way? 가장 좋은 길은 무엇인가요?

What is the easiest way? 가장 쉬운 길은 무엇인가요?

What is the shortest way? 가장 짧은 길은 무엇인가요?

Which+명사: 어느 명사.

Which way should I take to get to Chicago?
시카고로 가려면 어느 노선을 타야 하나요?

Which line do I have to take?
어느 노선을 타야 하지요?

Which train is the one that goes to the City Hall?
시청으로 가는 전철은 어느 것인가요?

Which stop should I get off at?
어느 역에서 내려야 하나요?

Which is better, to go by bus or taxi?
버스와 택시 중 어느 것이 더 나을까요?

Which line do I have to take to go to ～: ～로 가려면 어떤 노선을 타야 하나요?

What is the fare, please? 요금이 얼마인가요?

지금까지의 질문들에 대한 대답들로는 대부분 You can take this.(이것을 타면 됩니다)라든가, Take the blue line.(푸른색 노선을 타세요) 등 가리키면서 대답할 수 있습니다. 외국에서 우리가 주로 사용하게 되는 것은 질문들이니까 질문 위주로 기억을 하지만, 대답도 잘 이해할 수 있어야 합니다. 교통편에 대한 질문에 관한 대답은 대부분 짤막하게 이루어집니다.

A: Where should I take the bus for L.A.?
L.A.로 가는 버스는 어디서 타나요?

B: Over there. 저쪽에서요.

A: What time does the train start?
몇 시에 기차가 출발하나요?

B: At 8:00 o'clock. 8시예요.

A: Where is the bus stop for city center?
시내로 가는 버스 정류장은 어디에 있나요?

B: Next to the bank. 은행 다음에 있어요.

② ~가 있나요?(Is there~)

Is there a tour bus? 관광버스가 있나요?

Is there a dining car on this train? 이 열차에 식당차가 있나요?

Is there another train for New York? 뉴욕으로 가는 다른 열차가 또 있나요?

Is there a car rental company near here? 이 근처에 렌터카 회사가 있나요?

2) 교통편 이용 중 요청하는 표현들

① ~해주세요(please)

Turn right, please. 우회전 해주세요.

Turn left, please. 좌회전 해주세요.

Go straight, please. 곧장 가 주세요.

Let me off here, please. 여기에서 내려 주세요.

Stop right over there, please. 바로 저기에 세워 주세요.

Please drop me at the Milton hotel. 밀튼 호텔에서 내려 주세요.

drop은 떨어뜨리다는 뜻이 있으므로, 택시를 타서 여기에 저를 떨어뜨려 주세요, 내릴게요 하는 표현에도 사용할 수 있습니다.

2) ~해주세요(I'd like to~)

I'd like to에 동사원형을 써서 내가 하기 원하는 것을 표현할 수 있습니다. 물론, 교통수단 외에 다른 상황에서 사용하는 표현으로도 사용할 수 있습니다.

I'd like to buy a second-class ticket to London.
런던으로 가는 2등석 기차표 한 장을 사고 싶어요.

a first-class ticket 1등석 티켓 **a second-class ticket** 2등석 티켓

Economy class가 2등석의 뜻으로 또는 보통석, 일반석의 뜻으로 사용되기도 합니다. economy라는 단어에는 경제적으로 절약한다는 뜻이 내포되어 있으니까요.

window seat 창가석/ 창가 자리 **aisle seat** 통로석
middle seat 중간석(중앙석) **exit row seat** 비상구 쪽 좌석

I'd like to walk to the youth hostel.
유스호스텔까지 걸어가고 싶어요.

I'd like to catch a cab.
택시를 잡고 싶어요.

I'd like to rent a bicycle.
자전거 한 대 빌리고 싶어요.

A: What is your destination?
목적지가 어디신가요?

B: I want a night train to Chicago.
시카고 행 야간 열차 한 장 주세요.

A: What do you prefer, 1st or 2nd class?
1등석으로 하시겠어요? 2등석으로 하시겠어요?

B: I'd like a 2nd class ticket.
2등석으로 하겠습니다.

3) 직접 운전하기

직접 차를 렌트하여 운전하는 경우도 있을 겁니다. 이런 때는 대중교통에 몸을 맡기는 것보다 더 신경을 많이 쓰게 되지요. 관련된 다양한 표현들을 익혀 보도록 합시다.

① 차 대여

먼저 차를 빌려 봅시다. I'd like to rent (car types) for (기간): (car types) 차를 (기간) 동안 빌리고 싶습니다.

I'd like to rent medium-sized car for 5 days.
5일간 중형차를 빌리고 싶어요.

What's the rate for a compact?
소형차의 비용은 얼마인가요?

Does it come with a navigation system?
네비게이션도 같이 있나요?

Does it come with a full tank of gas?
기름은 다 채워져서 나오나요?

② ~도 포함되어 있나요?

Does it include ~?: ~도 포함하나요?

Does it include insurance? 보험도 포함한 것인가요?

I'll take it. 이거 하도록 할게요.

③ 운전에서 필요한 표현

운전에서 나오는 표현들을 익혀 둡시다. be hit [struck, run over, knock down] by a bus 버스에 치다.

He was hit by a bus. 그는 버스에 치었다.

I got into a minor traffic accident on my way home.
집에 오는 길에 경미한 교통사고가 있었어.

---

cross the central line 중앙선을 넘다
get a speeding ticket, be given a speeding ticket 속도위반 딱지를 떼이다

You're going to get a speeding ticket.
넌 과속 딱지를 떼일 거야.

---

drop the fine 벌금이 취소되다
park illegally 불법주차를 하다
toll 통행료
toll bridge 유료 다리
charging zone 징수구역
tollgate 통행료 징수소
pay a congestion charge 혼잡 통행료를 내다
put money into parking meters, pay parking fees 주차요금을 내다
hit-and-run accident 뺑소니 사고
trace the hit-and-run driver 뺑소니 운전자를 추적하다
receive a 20 dollar parking ticket 20달러짜리 주차위반 딱지를 받다

A: I'd like to rent medium-sized car for 10 days.
열흘간 중형차를 빌리고 싶어요.

B: How about this one?
이건 어떤가요?

A: Does it come with a GPS?
GPS(위성 위치 확인 시스템)도 같이 있나요?

B: Of course. 물론이지요.

A: What's the rate? 비용은 얼마인데요?

B: Let me see. 네, 보겠습니다.

3. Practice

1) Pronunciation

aisle[ail] seat은 '통로석'인데, s가 묵음이고 ai 발음이 [ai]로 발음나기 때문에 철자나 발음이나 틀리기 쉽습니다. 여러번 발음해 보면서 연습해 보세요.

2) Short conversation

① 공항에서

A: Hello. May I help you?
안녕하십니까. 뭘 도와드릴까요?

B: Please confirm (that) I have a reservation on the 9 A.M. flight to New York.
= Please confirm I'm booked on the 9 A.M. flight to New York.
뉴욕행 9시 비행기에 예약되어 있는지 확인바랍니다.

A: Yes. Could I have your name, please?
예. 성함이 어떻게 되시나요?

B: James Brown. 제임스 브라운이요.

A: We have you here. 여기 예약되어 있습니다.

② 자리 맡기

A: Is this seat taken? 여기 자리 임자가 있나요?

B: No, it is vacant. 아니요, 비었어요.

A: Please save my seat for me. 자리 좀 맡아주세요.

③ 요금 문의

A: What's the one-way fare/round trip fare for L.A.?
L.A.까지 편도/왕복요금은 얼마입니까?

B: How many people?
몇 분이신데요?

A: Two adults and one child, please.
성인 두 장, 아이 한 장이요.

3) Conversation

공항에서의 대화입니다. A는 승객, B는 항공사 직원입니다.

A: What time are your flights to Michigan tomorrow?
내일 미시간 비행기 일정이 어떻게 됩니까?

B: We have one departing at 10 A.M. and another at 3 P.M.
오전 10시와 오후 3시에 각각 출발예정입니다.

A: Great. Could I get a seat on the 10 A.M. flight?
좋습니다. 9시 비행기에 좌석 있습니까?

B: First class or economy?
1등석이요 아니면 2등석이요?

A: Economy.
2등석이요.

B: Yes, there is.
네, 있습니다.

Quiz

1. 다음 문장에서 괄호에 알맞은 전치사는?

Where should I get (   )?
어디서 내려야 하나요?

① from ② off
③ over ④ for

2. 다음 중 어휘와 뜻이 잘 짝지어지지 않은 것은?

① destination - 목적지 ② prefer - 선호하다
③ assurance - 보험 ④ a speeding ticket - 과속 딱지

3. 다음 한국어의 뜻이 될 때 괄호에 들어갈 가장 적절한 단어는?

What's the (   ) fare for L.A.?
L.A.까지 편도요금은 얼마입니까?

① round ② first
③ one-way ④ next

4. 다음 한국어의 뜻이 될 때 괄호에 들어갈 가장 적절한 단어는?

I'd like to buy a (   ) ticket to London.
런던으로 가는 2등석 기차표를 사고 싶어요.

① second-class ② two class
③ business class ④ second rank

5. '집에 오는 길에 경미한 교통사고가 있었어.'의 뜻으로 적절한 문장을 고르세요.

① I got into a major traffic accident on my way home.
② I got into a minor traffic accident on my way home.
③ I got into a touch traffic accident on my way home.
④ I got into a big traffic accident on my way home.

Review

1. 해외에서 교통편 이용 ★

Where is the ticket office?
매표소는 어디에 있나요?

Where should I get off?
어디서 내려야 하나요?

Where should I change trains?
어디에서 열차를 갈아타야 하나요?

Where do I get the airport bus?
공항버스는 어디에서 타나요?

2. 교통편 이용 중 요청하는 표현 ★★

Turn right, please. 우회전 해주세요.

Turn left, please. 좌회전 해주세요.

Go straight, please. 곧장 가 주세요.

Let me off here, please. 여기에서 내려 주세요.

Stop right over there, please. 바로 저기에 세워 주세요.

Please drop me at the Milton hotel. 밀튼 호텔에서 내려 주세요.

3. 직접 운전하기 ★★

I'd like to rent medium-sized car for 5 days.
5일간 중형차를 빌리고 싶어요.

What's the rate for a compact?
소형차의 비용은 얼마인가요?

Does it come with a GPS?
GPS(위성 위치확인 시스템)도 같이 있나요?

Does it come with a full tank of gas?
기름은 다 채워져서 나오나요?

콩글리시와 잉글리시의 만남

우리나라에서는 텔레비전에 나오는 배우들을 탤런트라고 이야기를 합니다. Talent는 '재능'이란 뜻이고 영어로는 배우의 뜻인 actor(남자)/actress(여자)로 표현하는 것이 좋겠습니다.

그녀는 내가 제일 좋아하는 배우야.
Kong: She is my favorite talent.
Eng: She is my favorite actress.

콕콕 집어주는 용어사전

1. information desk 안내 데스크
Let's ask about it at the information desk.
안내 데스크에 가서 물어보자.

2. destination 목적지
Where is your destination?
목적지가 어디인가요?

3. insurance 보험
Does it include insurance?
보험도 포함한 것인가요?

4. a speeding ticket 과속 딱지
I've got a speeding ticket.
속도위반 딱지를 떼었어.

WEEK 09-1
Advice

Today's Goal 주요학습내용

조언에 대한 대화 / 어려운 일 이야기하기
조언해 주기

Lecture

1. 어휘

advice 조언, 충고
regularly 규칙적으로
climate 기후
worry 걱정
had better do ~하는 게 낫다(좋다)
go well with~ ~와 잘 지내다
instead of ~대신에
mid-term exam 중간고사
review 복습
frustrated 좌절하는
advise 충고하다
earnestly 성실히
reduce 줄이다
jet-lag 시차증(시차에 의한 피로)
invest 투자하다
lose (one's) weight 체중을 줄이다
gloomy 우울한
preview 예습
keep~ in mind ~을 기억하다, 명심하다
yell 고함지르다

참고 **keep in mind와 keep ~ in mind**

keep in mind / bear in mind / have in mind 모두 '명심하다'라는 뜻으로, 주로 keep과 in mind 사이에 목적어를 넣어 '목적어를 명심하다.'라고 말하죠. 목적어가 긴 경우엔, 목적어를 뒤로 빼기도 합니다.

I will keep that in mind. 명심 할게.
Keep in mind that time is money. 시간은 돈이라는 걸 명심해.

2. 구문

1) 조언에 대한 대화

충고나 조언은 들을 때는 별로 기분이 안 좋을 수도 있지만, 결국은 본인에게 약이 되는 중요한 것들이지요. 그리고 상대방에게 관심과 애정이 없으면 조언도 주지 않게 됩니다. 충고나 조언을 주거나 받았던 경험에 대하여 이야기해 봅시다. advise 목적어 to 부정사: 목적어가 to 부정사 하도록 충고하다/조언하다.

A: What is the good advice you have ever got from someone?
당신이 다른 사람에게 받은 좋은 조언으로는 무엇이 있나요?

B: Many people advise me to exercise regularly.
많은 사람들이 운동을 규칙적으로 하라고 조언해 줘요.

My parents advise me to eat less.
부모님이 저에게 덜 먹으라고 조언을 줘요.

(Your own answer) ______________________________.

A: What is the advice you have ever given to someone?
당신이 다른 사람에게 준 조언은 무엇이 있나요?

B: I advise my students to study earnestly.
제 학생들에게 성실하게 공부하라고 충고해요.

I advise my friends to prepare the future.
내 친구들에게 미래를 준비하라고 조언을 줘요.

I advise my friends to get an insurance.
내 친구들에게 보험에 들라고 조언을 줘요.

(Your own answer) ______________________________.

A: Who(m) do you go to when you need advice?
누군가의 조언이 필요할 때 누구에게 가나요?

B: I usually call my best friends to give me some advice.
나는 보통 가까운 친구에게 전화해서 조언을 구해요.

I usually call my elder brother to get some advice.
나는 보통 조언을 얻기 위해 형에게 전화해요.

(Your own answer) ____.

A: To whom do you usually give some advice?
누구에게 보통 조언을 주나요?

B: I give some advice to my family members.
가족들에게 조언을 줘요.

I usually give some advice to my husband.
남편에게 보통 조언을 해요.

I give some advice to my best friends.
친한 친구들에게 조언을 해줘요.

(Your own answer) ____.

2) 어려운 일 이야기하기

날마다 살아가는 이 세상에선 큰 일부터 사소한 일까지 어려운 것들이 많아요. 내가 어려워하는 것들은 어떤 것인지, 영어로 이야기해 봅시다.

I find it difficult/hard to …

I have a problem …ing

I have a problem with …
~에 어려움이 있어요, ~가 힘들어요

prepare for a test while you do not have time to study
공부할 시간이 없는데 시험을 준비해야 하는 것

- I find it difficult to prepare for a test while I do not have time to study.
- I have a problem preparing for a test while I do not have time to study.

- I have a problem with preparing for a test while I do not have time to study.

I find it difficult/hard to work at night.
저는 밤에 일하는 것이 힘들어요.

I have a problem living in a very cold climate.
저는 매우 추운 기후에서 사는 것이 어려워요.

I have a problem with the jet-lag.
시차증 때문에 어려움이 있어요.

I have a problem with studying English.
영어공부에 어려움이 있어요.

다음 구문을 이용하여 '나는 ~에 어려움을 겪어요'라는 문장으로 만들어 봅시다.

Q: Which of these would you find difficult to do? Why?
아래 중에서 어떤 것에서 당신은 어려움을 겪나요? 이유는 무엇인가요?

- prepare for the test while you do not have time to study
  공부할 시간이 없는데 시험을 준비해야 하는 것
- earn enough money for the future
  미래를 위해 충분한 돈을 버는 것
- reduce your sleep
  잠을 줄이는 것
- change to a completely different diet
  완전히 다른 식단으로 바꾸는 것
- live with people from a very different culture
  매우 다른 문화에서 온 사람들과 같이 사는 것
- live with a person who have a different lifestyle
  다른 생활방식을 가진 사람과 같이 사는 것
- take care of children/ babies
  아이들/아기를 돌보는 것
- take the airplane
  비행기를 타는 것

옆의 친구에게 나의 어려움을 털어놓아 봅시다. 내가 생각하지 못했던 정말 놀라운 조언을 듣게 되어 나의 문제가 해결될 수도 있는 것 아니겠어요?

A: Do you have any worry these days? Could you tell me about them?
요즘 무슨 걱정이 있나요? 그것들에 대해서 말해 보겠어요?

B: I find it difficult to eat healthy food. Junk food is not good for health, but it is very delicious.
몸에 좋은 음식을 먹는 것이 힘들어요. 정크푸드는 건강에는 안 좋지만 맛있거든요.

I have a problem with my family members. The lifestyle of my elder sister is quite different from mine. Whenever we meet, we have conflicts.
저는 가족과 문제가 있어요. 언니의 생활방식은 저와 너무 다르거든요. 만날 때마다 갈등이 있어요.

(Your own answer) ______________________________________.

3) 조언해 주기

짝을 지어, 한 명은 어려움을 이야기하고, 파트너는 이에 대한 조언을 영어로 주도록 합시다.

① 조언을 구하기

어려움에 대한 이야기를 나눈 뒤에 아래 표현들을 이용하여, 조언을 적극적으로 조언을 받아봅시다.

I don't know what to do. 무엇을 해야 할지 모르겠어요.
What can I do? 제가 무엇을 할 수 있는 거죠?
What should I do? 제가 무엇을 해야 하는 거죠?
What do you think? 당신은 어떻게 생각하나요?
Can you help me? 날 도와줄 수 있나요?
What would you do in my place? 당신이 내 입장이라면 어떻게 하시겠어요?

② 충고하기

충고를 할 때도 상대방에 따라서 적절한 문장을 사용하는 것이 중요합니다. 나보다 나이 어린 사람에게 하는 말인지, 친구인지 등에 따라서 공손함의 정도가 달라질 수 있습니다.

나보다 나이가 어리거나 아랫사람(부모가 자녀에게, 선생님이 학생에게 등)에게는 You had better+동사원형을 사용합니다. 이것은 구어체에서는 You'd better로 축약하여 사용하곤 합니다. 이 표현을 학생이 선생님에게 사용한다거나 하면 곤란합니다.

일반적 충고의 표현들

I advise you to … 네가 ~하도록 난 충고(조언)할게.

I think you should … 네가 ~해야 한다고 생각해.

I recommend …ing 나는 ~을 추천해.

The best thing for you is to … 너에게 제일 좋은 것은 ~하는 거야.

How/what about …ing? ~하는 게 어때?

Why don't you …? ~하는 것이 어떠니?

Have you thought of …ing? ~하는 것에 대해 생각해 보았니?

가정법의 표현을 사용하여 조언을 줄 수도 있습니다. 가정법은 좀 공손하게 표현하는 것으로 볼 수 있습니다.

If I were you, I would … 내가 너라면 ~할 텐데.

In your place, I would … 내가 너라면 ~할 거야.

좀 더 완곡하게 표현할 수도 있습니다.

I think it would be better for you to …
당신이 ~하는 것이 더 나을 거라고 생각해요.

다음의 내용을 읽어 봅시다. 그리고 조언을 각자에게 해줍시다.

Minji: I know that English is important. However, it's not really easy to continue studying English. What shall I do?

The best thing for you is to ______________________________.

I advise you to ______________________________.

I think you should ______________________________.

I recommend ______________________________.

I think you should make a plan for studying English.
너는 영어공부 하는 것에 대해 계획을 세워야 한다고 생각해.

You should invest your time for it.
너의 시간을 영어공부 하는 것에 투자해야 해.

Juwon: I'm afraid that I can't go well with my mother. I don't like to listen to her endless talks.
난 엄마와 잘 지내지 못해서 걱정이야. 엄마의 끝이 없는 잔소리를 듣기가 싫어.

How about ______________________________.

Have you thought of ______________________________.

If I were you, I would ______________________________.

Why don't you ______________________________.

The best thing for you is to try to understand your mother.
너에게 제일 좋은 방법은 너의 엄마를 이해하려고 노력하는 것이야.

You should think in your mother's place.
넌 엄마의 입장에서 생각해 봐야 해.

3. Practice

1) Pronunciation

weigh[wei]는 '무게가 나가다'의 뜻이고, 거기에 t를 하나 더 붙이면 weight[weit]라고 하여 '무게'라는 명사가 됩니다. t 발음을 크게 할 필요는 없고 살짝 끝에 들릴락 말락하게 붙이면 좋겠습니다.

2) Short conversation

① 지영이에게 주는 조언

Jiyoung: I'm so stressed because I'm getting fat. I want to lose weight.

Hyun: Um... What do you do to lose weight?

Jiyoung: I do not eat breakfast, and I eat only snacks instead of the meal for dinner.

Hyun: Oh, no. You shouldn't do so. That doesn't help you.

Jiyoung: Why?

Hyun: The snacks have high calorie. Eating breakfast is important to lose weight.

Jiyoung: Why should I have breakfast?

Hyun: When you do not have breakfast, you will eat too much at lunchtime. That is not good for your diet.

Jiyoung: I see. I'll try to follow your advice.

② 민수에게 주는 조언

Hyun: Minsu, you look so gloomy. What's the problem?

Minsu: I got a terrible score in my mid-term exam. I'm afraid that I can't get a good grade in English Conversation course.

Hyun: Don't get so discouraged. I think it is better to look back on your study habit. How did you prepare for the exam?

Minsu: Frankly speaking, I didn't have enough time to study for the exam. I just crammed for it, but that didn't work.

Hyun: What about trying to preview and review every week? As for me, that really helped me.

Minsu: That's good, but I am busy every weekend.

Hyun: I think it would be better to have your priority for studying English. Otherwise, it is not easy to continue the study.

Minsu: Yes, you're right. I have to keep that in mind.

Hyun: Good luck.

3) Conversation

① 상담 편지

여러분은 상담가로 다른 사람들을 도와주고 있습니다. 아래와 같은 편지를 받았습니다. 어떤 조언을 해주면 좋을지 답장을 써봅시다.

I am a mother of two children. As a mother, I want to do my best. However, when my children do not listen to me, I feel so frustrated. Sometimes, I yell to them. Other times, I get very angry. After that, I regret, but I have no solution for this. Could you give any advice to me?

The best thing for you is to ______________________________.

I advise you to ______________________________.

I think you should ______________________________.

I recommend ______________________________.

② 조언하기

다음 대화문에서 영주(Yongju)는 주은(Jueun)에게 조언을 구하고 있습니다. 영주의 말에 대한 주은의 응답에 적절한 말을 넣어 봅시다.

Yongju: Jueun, can you help me?
Jueun: ______________________________.
Yongju: As you know, I broke up with my boyfriend.
Jueun: ______________________________.
Yongju: I'm afraid that I may not get married because I'm too _________.
Jueun: ______________________________.
Yongju: Then, what shall I do? Can you give me some advice?
Jueun: ______________________________.
Yongju: Yes, that's right. I'll try to do so.
Jueun: ______________________________.
Yongju: Thank you.

Quiz

1. 다음 문장에서 괄호에 알맞은 전치사는?

   I have a problem (   ) the jet-lag.
   시차증 때문에 어려움이 있어요.

   ① of　　② with
   ③ over　　④ for

2. 다음 중 어휘와 뜻이 잘 짝지어지지 않은 것은?

   ① regularly - 규칙적으로　　② climate - 기후
   ③ worry - 걱정　　④ gloomy - 진한

3. 다음 한국어의 뜻이 될 때 괄호에 들어갈 가장 적절한 단어는?

   What (   ) you do in my place?
   당신이 내 입장이라면 어떻게 하시겠어요?

   ① were　　② is
   ③ are　　④ would

4. 다음 한국어의 뜻이 될 때 괄호에 들어갈 가장 적절한 단어는?

   I'm afraid that I can't go (   ) with my mother.
   난 엄마와 잘 지내지 못해서 걱정이야.

   ① well　　② good
   ③ better　　④ worse

5. '부모님이 저에게 덜 먹으라고 조언을 줘요.'의 뜻으로 적절한 문장을 고르세요.

   ① My parents advise me to less eat.
   ② My parents advise me eat less.
   ③ My parents advise me to eat less.
   ④ My parents advise me eating small.

Review

1. 조언에 대한 대화 ★★

What is the good advice you have ever got from someone?
당신이 다른 사람에게 받은 좋은 충고는 무엇이 있나요?

I advise my students to study earnestly.
제 학생들에게 성실하게 공부하라고 충고해요.

I advise my friends to prepare the future.
내 친구들에게 미래를 준비하라고 조언을 줘요.

I advise my friends to get an insurance.
내 친구들에게 보험에 들라고 조언을 줘요.

2. 어려운 일 이야기하기 ★★

I find it difficult/hard to work at night.
저는 밤에 일하는 것이 힘들어요.

I have a problem living in a very cold climate.
저는 아주 추운 기후에서 사는 것이 어려워요.

I have a problem with the jet-lag.
시차증 때문에 어려움이 있어요.

I have a problem with English study.
영어공부하는 것에 어려움이 있어요.

3. 조언해 주기 ★★★

What do you think? 당신은 어떻게 생각하나요?

Can you help me? 날 도와줄 수 있나요?

What would you do in my place?
당신이 내 입장이라면 어떻게 하시겠어요?

I think you should make a plan for English study.
You should invest your time for it.
너는 영어공부 하는 것에 대해 계획을 세워야 한다고 생각해.
너의 시간을 영어공부 하는 것에 투자해야 해.

콩글리시와 잉글리시의 만남

자주 사용하는 필기구로 '샤프'라고 부르는 것 있지요. A sharp pencil은 끝이 뾰족한 연필을 가리키고, 우리말의 '샤프 펜슬'에 해당하는 영어는 a mechanical[an automatic] pencil(미), a propelling pencil(영)이 맞습니다.

내 샤프 좀 갖다 줘.
Kong: Please get me my sharp pencil.
Eng: Please get me my mechanical pen.

콕콕 집어주는 용어사전

1. regularly 규칙적으로
I take an exercise regularly.
난 규칙적으로 운동을 해.

2. climate 기후
How is the climate there?
거기 기후는 어떠니?

3. reduce 줄이다
We have to reduce the expense.
우리는 비용을 줄여야 해.

4. instead of ~대신에
Instead of potatoes, I bought the sweet potatoes.
감자 대신에 고구마를 샀어.

WEEK 09-2
Proverb

Today's Goal 주요학습내용

격언에 대한 이야기 / 영어 격언
영어 격언 사용하기

Lecture

1. 어휘

proverb 속담, 격언
universal 보편적인
captive 포로가 된
folly 어리석음
creak 삐걱거린다
contentment 만족
humility 겸손
smooth 매끄러운, 순조로운
display 나타내다
glitter 반짝이다
turn up 나타나다, 발생하다
pebble 자갈
quick-tempered 조급한
calamity 재난
vessel 용기
negligence 태만, 게으름
politeness 공손함
think well of 칭찬하다
guard 지키다

2. 구문

1) 격언/속담에 대한 이야기

격언/속담에 대하여 이야기를 나눠 봅시다.

A: Do you know any Korean proverbs?
한국 속담 아는 거 있니?

B: Yes, I know several Korean proverbs.
응, 한국 속담 몇 개 알아.

A: Tell us about them.
그것들 좀 말해 줘.

A: Do you know any English proverbs?
영어 속담 아는 거 있니?

B: Not many. Can you tell me some English proverbs?
많지 않아. 영어 속담 좀 말해 줄래?

A: The proverbs were made by our ancestors. Are they still useful in the modern life?
속담은 우리의 조상에 의해 만들어졌어. 속담은 현대 생활에서도 여전히 유용하니?

B: Yes, I think so. I can learn a lot from the proverbs.
난 그렇게 생각해. 속담에서 많은 것을 배울 수 있어.

A: Why do similar proverbs turn up in different countries?
왜 다른 나라들에서 비슷한 격언들이 있을까?

B: I think there is a universal truth.
보편적인 진리가 있다고 생각해.

각 나라의 격언이나 속담들을 보면 해당 나라의 문화도 알 수 있습니다. 여러 나라의 속담을 찾아봅시다. 또한 우리나라의 속담과 비슷한 것이 있는지도 생각해 봅시다.

One finger cannot lift a pebble. (Iranian)
한 손가락으로는 자갈을 들어 올릴 수 없다.

▶ 백지장도 맞들면 낫다.
쉬운 일이라도 협력하면 하면 훨씬 쉽다는 말.

▶ 이인불과이인지(二人不過二人智)
혼자서는 두 사람의 지혜를 넘지 못한다.
제 아무리 잘난 사람도 여럿이 힘을 합하는 것만은 못 하니 협동하고 협력하라는 가르침.

▶ Two heads are better than one
두 사람의 지혜가 한 사람의 지혜보다 낫다.

When elephants battle, the ants die. (Cambodian)
코끼리들이 싸울 때, 개미들이 죽는다.

▶ 고래싸움에 새우등 터진다.
힘센 것들이 싸우는 틈바구니에서 아무런 관계도 없는 약자가 공연히 피해를 입게 된다는 말.

Talk does not cook rice. (Chinese)
말로 밥을 짓지 않는다.

▶ 빈 수레가 요란하다.

▶ Empty vessels make the loudest sound.

▶ The worst wheel of the cart always creaks most.
제일 나쁜 수레바퀴가 항상 가장 크게 삐걱거린다.

Better to be a free bird than a captive king. (Danish)
포로가 된 왕이 되느니 자유로운 새가 더 좋다.

▶ 蛇頭龍尾(사두용미): 용의 꼬리보다 뱀의 머리 되라.
鷄口牛後(계구우후): 소의 꼬리보다 닭의 입이 되라.
큰 것의 꼴찌가 되는 것보다는 작은 것의 우두머리가 되는 편이 낫다.

Better bread with water than cake with trouble. (Russian)
불편한 마음으로 케이크를 먹는 것보다, 물과 빵을 먹는 것이 더 낫다.

▶ Contentment is better than riches.
분수를 아는 것이 부자보다 낫다.

It takes a village to raise a child. (African)
아이를 키우는 데에는 마을 전체가 수고해야 한다.

2) 영어 격언

다양한 주제에 대한 좋은 영어 격언, 속담을 찾아보고 그 뜻을 알아봅시다. 이를 통해 우리가 배울 수 있는 교훈을 얻어 봅시다.

① 게으름

책상이나 내 수첩 언저리에 적어 두고 자주 본다면 내게 게으름에 대한 경계와 부지런함에 대한 동기를 줄 수 있을 거예요!

Will is power.
의지가 힘이다.

Negligence is a crime.
태만은 범죄다.

No bees, no honey.
벌이 없으면 꿀도 없다.

No sweet without sweat.
땀 없는 달콤함은 없다. 노력 없이는 결실을 맺을 수 없다.

Practice makes perfect.
연습이 완벽을 만든다.

Diligence is the mother of good luck.
근면은 행운의 어머니다.

② 희망

The most wasted day is that in which we have not laughed.
우리가 가장 헛되이 보낸 날들은 웃지 않았던 날들이다.

Don't cry before you are hurt.
다치기도 전에 울지 말라.

Why open an umbrella before it starts to rain.
비가 오기 전에 왜 우산을 펴느냐. (앞날의 걱정을 미리 하지 말라.)

③ 겸손

Pride will have a fall.
자만은 추락을 가져온다.

Power is dangerous unless you have humility.
겸손이 없으면 권력은 위험하다.

Empty vessels make the most sound.
빈 수레가 요란하다.

One never loses anything by politeness.
사람이 공손해서 잃는 것은 없다.

④ 혀

The language of truth is simple.
진실된 언어는 단순하다.

Easier said than done.
행동보다 말이 쉽다.

First think and speak.
먼저 생각하고 말하라.

Smooth words make smooth ways.
고운 말은 부드러운 길을 만든다.

If you want people to think well of you, do not speak well of yourself.
남의 칭찬을 받고 싶거든, 자기 칭찬을 하지 말라.

A patient man has great understanding, but a quick-tempered man displays folly.
노하기를 더디 하는 자는 크게 명철하여도 마음이 조급한 자는 어리석음을 나타내느니라.

He who guards his mouth and his tongue keeps himself from calamity.
입과 혀를 지키는 자는 자기의 영혼을 환난에서 보전하느니라.

3) 대화 안에서 격언 사용하기

대화 안에서 격언과 속담을 적절히 사용해 봅시다.

A: Jinny, can you help me? I need someone to take an exercise with me. You know, it's not that easy, but can you do with me?
지니야, 나 좀 도와줄래? 나랑 운동 같이 할 사람이 필요한데, 너도 알다시피 쉬운 일이 아니잖아. 그래도 나랑 같이 해줄 수 있니?

B: Okay. When do you plan to do?
괜찮아. 언제 하려고 계획하는데?

A: Every morning. I plan to go for a walk for 30 minutes.
매일 아침마다 30분씩 산책하려고 계획해.

B: No problem. That will be helpful for me, too.
문제 없어. 나한테도 도움이 되겠는데.

A: Oh, thank you. A friend in need is a friend indeed.
오, 고마워. 곤란할 때 돕는 친구가 진짜 친구구나.

A: Oh, no. I lost my wallet.
이런, 지갑을 잃어버렸어.

B: Oh, What were in the wallet?
오, 지갑 안에 뭐가 있었는데?

A: I put all my important cards and money there. I put my credit cards, the identification card, and all my money in the wallet. Now I don't know what to do.
중요한 카드들과 돈이 다 들어 있어. 신용카드, 신분증, 모든 돈을 지갑에 넣었어.
이제 뭘 해야 할지 모르겠어.

B: Oh, no. At first, you need to call the card company to tell them about it. Don't put all your eggs in one basket.
이런. 먼저 카드회사에 이것에 대해 말하도록 전화해야겠구나.
달걀을 전부 한 바구니에 담지 마.

Mother: Did you get the score of your test?
시험 점수 나왔니?

Jude: Yes, but don't ask me about it.
네, 하지만 묻지는 마세요.

Mother: Why not?
왜 묻지 마?

Jude: I got a terrible score.
나쁜 점수를 받았어요.

Mother: I'm sorry to hear that. As you sow, so shall you reap.
유감이구나. 심는 대로 거두는 법이야.

영어 속담이나 격언을 사용하여, 대화를 만들어 봅시다.

3. Practice

1) Pronunciation

path는 한국어로 표기할 때 '패스' 또는 '패쓰'라고 적혀 있지만 th 발음은 [θ]입니다. 또한 미국식으로는 [pæθ], 영국식으로는 [pa:θ]로 모음을 다르게 발음해야 합니다.

2) Matching

다음 영어 속담의 앞과 뒤를 연결해 봅시다.

〈Beginning〉

① A bird in the hand is worth two in the bush
내 손안의 새 한 마리가 덤불 속의 두 마리보다 낫다.

② Love sees no faults
사랑하면 단점이 안 보인다.

③ Rome was not built in a day
로마는 하루아침에 이루어지지 않았다.

④ All that glitters is not gold
반짝인다고 다 금은 아니다. / 겉만 보고는 모른다.

⑤ An apple a day keeps the doctor away
매일 사과 한 개씩 먹으면 의사도 필요 없다.

⑥ Empty vessels make the most noise
빈 수레가 요란하다.

⑦ A friend is known in necessity
친구는 궁할 때 알 수 있다.

⑧ If you laugh, blessings will come your way
웃으면 복이 와요.

〈Ending〉

ⓐ in a day.

ⓑ blessings will come your way.

ⓒ is worth two in the bush.

ⓓ keeps the doctor away.

ⓔ make the most noise.

ⓕ no faults.

ⓖ in necessity.

ⓗ is not gold.

3) Conversation

속담을 사용한 대화입니다.

A: Miri, what are you going to do after graduation?
미리야, 졸업 후에 뭘 할 거니?

B: I'm thinking of continuing my study in graduate school.
대학원에서 공부를 계속 하려고 생각하고 있어.

A: The same major?
같은 전공으로?

B: No, I want to study music, but I'm worried whether it is possible or not.
아니, 음악을 공부하고 싶어. 그런데 가능할지 어떨지 걱정이야.

A: Where there is a will, there is a way.
뜻이 있는 곳에 길이 있기 마련이야.

Quiz

1. 다음 문장에서 괄호에 알맞은 전치사는?

   A friend ( ) need is a friend indeed.

   곤란할 때 돕는 친구가 진짜 친구구나.

   ① from ② in

   ③ over ④ for

2. 다음 중 어휘와 뜻이 잘 짝지어지지 않은 것은?

   ① captive - 포로가 된 ② quick-tempered - 조급한

   ③ calamity - 희망 ④ vessel - 용기

3. 다음 한국어의 뜻이 될 때 괄호에 들어갈 가장 적절한 단어는?

   It takes a village to ( ) a child.

   아이를 키우는 데에는 마을 전체가 수고해야 한다.

   ① rise ② rose

   ③ raised ④ raise

4. 다음 한국어의 뜻이 될 때 괄호에 들어갈 가장 적절한 단어는?

   Power is dangerous unless you have ( ).

   겸손이 없으면 권력은 위험하다.

   ① humility ② pride

   ③ diligence ④ practice

5. '심는 대로 거두는 법이야.'의 뜻으로 적절한 문장을 고르세요.

   ① As you sow, you so make.

   ② As you sow, so shall you reap.

   ③ So you sow, as you reap.

   ④ So you shall reap, by you sow.

Review

1. 격언에 대한 이야기 ★

Do you know any English proverbs?
영어 속담 아는 거 있니?

One finger cannot lift a pebble.
한 손가락으로는 자갈을 들어 올릴 수 없다.

When elephants battle, the ants die.
코끼리들이 싸울 때, 개미들이 죽는다.

Talk does not cook rice.
말로 밥을 짓지 않는다.

2. 영어 격언 ★★

The most wasted day is that in which we have not laughed.
우리가 가장 헛되이 보낸 날들은 웃지 않았던 날들이다.

Don't cry before you are hurt.
다치기도 전에 울지 말라.

Practice makes perfect.
연습이 완벽을 만든다.

Diligence is the mother of good luck.
근면은 행운의 어머니다.

3. 대화 안에서 격언 사용하기 ★★

Don't put all your eggs in one basket.
달걀을 전부 한 바구니에 담지 마.

As you sow, so shall you reap.
심는 대로 거두는 법이야.

A friend in need is a friend indeed.
곤란할 때 돕는 친구가 진짜 친구야.

콩글리시와 잉글리시의 만남

우리나라에서는 오토바이라고 사용하는 것을 영어로는 조금 꼬아서 '오로바이'라고 발음하는 학생들도 본 적이 있는데요, 영어로는 motorcycle 또는 motorbike가 맞는 표현입니다.

이게 내 오토바이야.
Kong: This is my autobi.
Eng: This is my motorcycle.

콕콕 집어주는 용어사전

1. turn up 나타나다, 발생하다
I don't think he will turn up.
그가 나타날 거라고는 생각하지 않아.

2. path 길
It's true that many students go down that path.
많은 학생들이 그런 길을 가고 있는 것은 사실이야.

3. quick-tempered 조급한
He is quick-tempered.
그는 성격이 급해.

4. calamity 재난
Global warming is a calamity.
지구온난화 현상은 재앙이야.

WEEK 10-1
Guidance

Today's Goal 주요학습내용

명소 설명하기 / 식당 안내하기
표 구하기

Lecture

1. 어휘

make a suggestion 제안하다
at least 최소한
view 경관
retain 보유하다, 간직하다
affair 사무
sculpture 조각
alley 골목길
antique 골동품
handicraft 수공예품
wholesale 도매, 도매의
negotiable 협상 가능한

the sights (=sightseeing spot) 관광지
Changdeok Palace 창덕궁
enchanting 매혹적인
capital 수도
pagoda 탑
pavilion 정자
spacious 넓은
stationery 문구류
pottery 도자기
haggle 흥정하다

2. 구문

1) 명소 설명하기

Are there sights to see near here? 이 근처에 볼 만한 곳이 있나요? sightseeing spot (관광지), remains(유적), historic sites(사적) 등과도 바꿔서 쓸 수 있어요.

Can you make some suggestions?
제안할 만한 곳이 있나요?

There is the Changdeok Palace near here.
이 근처에 창덕궁이 있어요.

Have you been to Namsan Tower?
남산타워에 간 적 있어요?

You should go there at least one time.
적어도 한 번은 가 보는 게 좋아요.

The view is so wonderful.
경관이 아주 좋아요.

It is near your hotel.
당신이 있는 호텔 근처에 있어요.

서울에 대한 소개글을 읽어 봅시다.

Jewels of Seoul (Korea Herald)

Seoul offers an enchanting mixture of ancient and modern. Having become the nation's capital, it has seen generation upon generation of change while still retaining

many of its ancient palaces. Now, it is Korea's political, financial, commercial, educational and cultural center. The followings are some of the best tourist attractions in the capital city.

Gyeongbok Palace

The palace is where the affairs of state were conducted and numerous kings lived for 500 years during the Choseon Dynasty. Within the palace walls are wooden buildings, and a wooden pavilion. It was built in 1395 to the permanent happiness and prosperity of Choseon's kings, their children and the people of the nation.

Insa-dong

The Insa-dong shopping area is popular with foreign visitors. The small alleys are lined with numerous shops and galleries, both tiny and spacious. Antique shops sell everything Korean: stationery, handicrafts, pottery, books and paintings. Prices range from a few dollars to hundreds of thousands of dollars. The restaurants and traditional tea houses are good places to rest tired feet while enjoying a good meal and watching the crowds go by.

Namdaemun Market

Namdaemun Market is one of the largest and oldest traditional markets in Korea. It was first opened in 1414 and has grown and remained popular through the centuries.
It is thronged with shoppers all hours of the night and day. Starting at 2 a.m., the morning market opens, selling clothing at wholesale prices. Shoppers will want to haggle here, as all prices are negotiable.

2) 식당 안내하기

금강산도 식후경, 맛있는 음식이 함께 할 때 명소 구경도 더욱 즐거워지지요.

① 식당 가기

Do you know any good restaurants?
어디 괜찮은 식당 아시나요?

What kind of food do you like?
어떤 종류의 음식을 좋아하시는데요?

Have you had Bulgogi? 불고기를 먹어본 적 있나요?

How about a Korean restaurant in Insa-dong?
인사동에 있는 한국 식당은 어떤가요?

The food is delicious. 음식이 맛있어요.

The price is reasonable. 값이 적당해요.

Can you tell me how to get there? 어떻게 가는지 알려 주시겠어요?

It's near Gang-nam station. 강남역 근처예요.

Should I make reservations? 예약을 해야 하나요?

They don't take reservations. 거기는 예약을 안 받아요.

That restaurant is very popular. 그 식당은 아주 인기가 있어요.

I'm sure you'll like it. 당신도 분명 마음에 들어 할 거예요.

② 함께 안내하기

That store is hard to find. 그 가게는 찾기 어려워요.

I will take you there if you would like it. 괜찮으시다면 제가 모시고 갈게요.

May I lead the way? 안내해 드릴까요?

What is the name of this area? 이 지역의 이름은 뭔가요?

It is called Jong-no. 종로예요.

It is a good place to go shopping. 쇼핑하기에 좋은 곳이에요.

There are some department stores. 백화점이 몇 군데 있어요.

Would you like to go in? 안으로 들어갈까요?

It is very crowded. 매우 혼잡하네요.

This is a non-smoking table. 여기는 금연석이에요.

Watch your step, please. 발 밑을 조심하세요.

Keep your bag in your sight. 가방은 보이는 곳에 두세요.

3) 표 구하기

Do you like plays? 연극 좋아하세요?

Are you interested in musicals? 뮤지컬에 관심이 있나요?

I would like to see the play. 연극을 보고 싶어요.

Where can I buy the tickets? 티켓은 어디서 살 수 있나요?

I'll make arrangements for tickets. 제가 표를 준비할게요.

I need three tickets. 표 세 장이 필요해요.

I would like S seats, please.
S석 세 장 주세요. (S석: S seats / R석: R seats / VIP석: VIP seats)

For which day? 며칠 것으로요?

How about the night of June 13? 6월 13일 밤은 어떤가요?

They are all sold out. 매진입니다.

There is standing room only. 입석밖에 없습니다.

Where would you like to sit? 어느 자리를 원하세요?

How much is the S seat? S석은 얼마인가요?

It is 60,000 won a ticket. 한 장에 6만 원입니다.

Where is the theater? 극장은 어디인가요?

3. Practice

1) Pronunciation

'sold out'은 '매진된, 다 팔린'의 뜻입니다. 한 단어 한 단어 따로 끊어서 발음하지 말고, 이어서 [솔 다웃]의 느낌으로 연음으로 발음해 봅시다.

2) Short conversation

A: Have you been to Namdaemun Market?

B: No, I haven't. Can you tell me about that?

A: You can find lots of inexpensive things there. There are quite a lot of various stuffs. It will be very interesting to shop.

B: I'm interested in shopping there.

A: It is a kind of Korean traditional market, so you will find a part of the lifestyle of Koreans.

B: I'd like to go. When shall we go then?

A: What about tomorrow afternoon?

B: Great.

참고

- cheap: 일반 가격보다 싼, 또는 공급이 넘쳐서 싼. 흔히 싼 만큼 질이 낮음.
- inexpensive: 격식 있는 말로서 질이나 내용치고 값이 싼(싸구려의 느낌은 없음).
- low-priced: 객관적으로 가격이 낮음.

3) Conversation

A: It was really wonderful to shop in Namdaemun Market. Thank you.
남대문시장에서 쇼핑하는 것은 정말 좋았어요. 감사합니다.

B: I'm glad that you enjoyed the shopping here.
여기서 쇼핑하는 것을 즐기셨다니 기쁘네요.

A: Yes, I bought lots of gifts to my friends.
네, 제 친구들을 위한 선물들을 많이 샀어요.

B: Now, I am getting hungry. What kind of food do you want to have?
지금 우리 배가 슬슬 고파지네요. 어떤 음식을 먹고 싶으신가요?

A: I think I have to taste Korean food.
한국 음식을 맛봐야 할 것 같은데요.

B: Okay, then, have you ever tasted Bulgogi?
좋아요. 그러면, 불고기 먹어본 적 있나요?

A: I had Bibimbab before, but not Bulgogi.
비빔밥은 이전에 먹어봤는데, 불고기는 안 먹어봤어요.

B: Then, let's go to HanKukGwan restaurant. It is very popular.
The food is very delicious and the price is reasonable.
그러면 한국관 음식점에 갑시다. 아주 유명한 곳인데, 음식은 맛있고 가격은 합리적이에요.

A: Wow, I expect it.
와, 기대되네요.

B: I'm sure you'll like it.
당신도 분명 마음에 들어 할 거예요.

A: Should we make reservations?
예약을 해야 하나요?

B: They don't take reservations. Let's hurry.
거기는 예약을 안 받아요. 서두릅시다.

Quiz

1. 다음 문장에서 괄호에 알맞은 전치사는?

   How (   ) a Korean restaurant in Insa-dong?

   인사동에 있는 한국 식당은 어떤가요?

   ① of　　② on

   ③ about　　④ for

2. 다음 중 어휘와 뜻이 잘 짝지어지지 않은 것은?

   ① enchanting - 매혹적인　　② retain - 내려가다

   ③ affair - 사무　　④ alley - 골목길

3. 다음 한국어의 뜻이 될 때 괄호에 들어갈 가장 적절한 단어는?

   You should go there (   ) one time.

   적어도 한 번은 가 보는 게 좋아요.

   ① at least　　② at best

   ③ at most　　④ at less

4. 다음 한국어의 뜻이 될 때 괄호에 들어갈 가장 적절한 단어는?

   (   ) your step, please.

   발 밑을 조심하세요.

   ① Go　　② Care

   ③ Shoot　　④ Watch

5. '그것들은 다 매진입니다.'의 뜻으로 가장 적절한 문장을 고르세요.

   ① They are all selling.　　② They are all sold out.

   ③ They are all solded.　　④ They are all solding.

Review

1. 명소 보기 ★

Can you make some suggestions?
제안할 만한 곳 있나요?

There is Changdeok Palace near here.
이 근처에 창덕궁이 있어요.

Have you been to Namsan Tower?
남산타워에 간 적 있어요?

You should go there at least one time.
적어도 한 번은 가 보는 게 좋아요.

The view is so wonderful.
경관이 아주 좋아요.

2. 식당 안내하기 ★★

The food is delicious. 음식이 맛있어요.

The price is reasonable. 값이 적당해요.

Can you tell me how to get there? 어떻게 가는지 알려 주시겠어요?

It's near Gang-nam station. 강남역 근처예요.

3. 표 구하기 ★★

I would like to see the play. 연극을 보고 싶어요.

Where can I buy the tickets? 티켓은 어디서 살 수 있나요?

I'll make arrangements for tickets. 제가 표를 준비할게요.

I need three tickets. 표 세 장 필요해요.

I would like S seats, please. S석 세 장 주세요.

For which day? 며칠 것으로요?

How about the night of June 13? 6월 13일 밤은 어떤가요?

콩글리시와 잉글리시의 만남

자동차에서 우리가 '백 미러'라고 하는 것은 콩글리쉬이고, 맞는 표현은 a rear view mirror/ a rear-vision mirror입니다.

후방 거울을 쳐다 봐.
Kong: Look the back mirror.
Eng: Look the rear view mirror.

콕콕 집어주는 용어사전

1. **at least 최소한**
   I visit my parents at least once in two months.
   난 부모님을 최소한 두 달에 한 번은 방문해.
2. **capital 수도**
   What is the capital city of England?
   영국의 수도는 어디니?
3. **spacious 넓은**
   Wow, this room is so spacious.
   와, 이 방은 아주 넓다.
4. **wholesale 도매의**
   This shop sells wholesale.
   이 가게는 도매가격으로 팔아.

WEEK 10-2
Culture

Today's Goal 주요학습내용

식성 / 커피 / 허브티와 와인

Lecture

1. 어휘

allergic 알레르기가 있는
vegetarian 채식주의자
appetite 식욕
awful 지독한
fishy 비린내 나는
taste the same as ~와 같은 맛이 나다
cinnamon 계피
scent 향기
is made from ~로 만들다
wrap 감싸다
combination 조합
flavor 맛, 풍미 , 향미
relatively 비교적
picky 까다로운
be addicted to ~에 중독되다
bland 싱거운, 담백한
go bad 상하다
froth 거품
steamed 열을 가한
ripen 익다, 여물다
somewhat 약간, 다소
savor 음미하다, 맛
treat 대접하다

2. 구문

1) 식성

식성과 반대되는 음식을 먹는 것은 고역이므로 함께 동행하는 사람의 식성에 대해 잘 알아두어야 되겠지요. 식성에 대하여 서로 이야기를 나누어 봅시다.

① 선호하는 식성

What's your favorite dish? 제일 좋아하는 음식이 무엇인가요?

Do you like sweets? 단것을 좋아하시나요?

I have a sweet tooth. 단것을 좋아해요. (= I like sweet things.)

Spicy food doesn't agree with me. 매운 음식은 제게 맞지 않아요.

Cheese isn't for me. 치즈는 제 입맛에 맞지 않아요.

I'm allergic to peaches. 전 복숭아 알레르기가 있어요.

I have a relatively healthy diet. 난 비교적 건강식을 먹어요.

I've been a vegetarian for the past 7 years. 7년 동안 계속 채식주의자예요.

He is easy to cook for. 그는 아무거나 요리하면 잘 먹어요.

I'm not picky about food. 저는 식성이 까다롭지 않아요.

She is a picky eater. 그녀는 식성이 까다로워요.

② 식욕

He has a big appetite. / He eats like a horse.
그는 식욕이 왕성해요. / 엄청나게 먹어요.

I don't have much of an appetite. 저는 식욕이 별로 없어요.

My mouth is watering. 군침이 돌아요.

I don't eat a lot, but I eat rather frequently.
많이 먹지 않고 자주 먹는 편이에요.

③ 취향

I like to have my steak well done.
난 스테이크를 잘 익혀서 먹는 것을 좋아해.

I prefer tomato sauce when I'm having pasta.
파스타 먹을 때 토마토 소스가 더 좋아.

I think I'm addicted to spicy foods. I need hot sauce with everything I eat.
난 매운 음식에 중독됐나 봐. 모든 음식에 핫소스가 필요해.

④ 맛

How does it taste? 맛이 어떤가요?

It's delicious. 맛있어요.

It tastes awful. / This is terrible. 맛이 형편없어요.

It doesn't suit my taste. 제 입맛에 맞지 않아요.

These noodles are very bland. Do you have salt or hot sauce?
이 국수는 너무 싱거워. 소금이나 핫소스 있어?

This smells fishy. 비린내가 나요.

This milk has gone bad. 이 우유는 상했어요.

2) 커피

우리 나라도 이제 커피를 엄청나게 소비하는 나라가 되었습니다. 예전에 학생 적에 보면, 점심은 학생식당에서 2,300원짜리 먹고, 커피는 3,500원짜리 마시는 경우를 종종 보았어요. 한번 커피에 맛을 들이면 커피만큼은 꼭 챙겨먹는 이들이 많더라고요. 커피는 이제 빼놓을 수 없는 생활의 일부분이 되었습니다. 외국여행에서도 커피에 대한 표현들을 잘 알아두어야 되겠네요.

Does Mocha Coffee have chocolate syrup in it?
모카커피에는 초콜릿 시럽이 들어가나요?

Yes, dark choco ate goes in.
네, 다크 초콜릿이 들어가요.

Does White Mocha Coffee have white chocolate syrup in it?
화이트 모카커피에는 화이트 초콜릿 시럽이 들어가나요?

White chocolate has a sweater taste.
화이트 초콜릿이 좀 더 단맛이 있어요.

There is milk in Latte.
라떼에는 우유가 들어갑니다.

It would taste better if vanilla syrup is added.
바닐라 시럽을 넣어 드시면 맛있어요.

Without cream, please.
크림 빼 주세요.

Does Cappuccino taste the same as Latte?
카푸치노는 라떼랑 비슷한(같은) 맛인가요?

Cappuccino has a lot of froth.
카푸치노는 거품이 많아요.

Would you like some cinnamon powder?
계피가루 뿌려 드릴까요?

What size would you like to have?
사이즈는 어떻게 해드릴까요?

Please add one more shot.
샷 하나 추가해 주세요.

참고 **Types of Coffee**

Americano: Espresso and water
Cafe Au lait: Drip coffee with steamed Milk
Cafe Latte: Espresso and steamed milk
Cafe Mocha: Espresso, steamed milk, and chocolate
Cappuccino: Espresso and foamed milk

3) 허브와 와인

커피 말고 허브차나 와인을 즐기는 사람들도 많이 있지요. 표현들을 익혀 봅시다.

① 허브차

Rosemary is one of all time favorite herbs.
로즈마리는 가장 사랑받는 허브 중의 하나죠.

It makes your mind peaceful and helps to fall asleep well.
이것은 당신의 마음을 편안하게 하며 숙면에 도움을 줍니다.

Lavender is called as the queen of the scent and is one of favorite herbs loved by many people.
라벤더는 향기의 여왕이라 불리며 많은 사랑을 받는 허브 중 하나예요.

Lavender is good for sleeping so it is useful to drink in the evening.
라벤더는 숙면에 좋아서 저녁에 마시면 좋아요.

Also, it is fine for bathing.
입욕에 아주 좋아요.

② 와인

Red wine is made from red grapes, and so its color is red.
레드와인은 적포도로 만들어 붉은색이죠.

White wine is made from green grapes.
화이트와인은 청포도를 이용해 만들어요.

White wine has mild flavor, fresh taste, and golden color.
화이트와인은 맛이 순하고 상큼하며 황금색을 띠죠.

Red wine has a somewhat dry taste.
레드와인은 약간 드라이한 맛이 나요.

White wine has a kind of sweet flavor.
화이트와인은 약간 달콤한 맛이 납니다.

Cover the wine glass as if wrapping it.
와인 잔을 감싸듯이 하세요.

Slowly savor the wine and drink.
천천히 와인을 음미하듯이 마셔 보세요.

3. Practice

1) Pronunciation

scent(향기)에서 'sc'는 두 개의 자음이지만 하나의 발음 [s]로 발음됩니다. 즉, scent는 [sent]로 발음이 나는 것에 유의하세요.

2) Short conversation

A: You look tired.

B: Yes. These days, I can't sleep at night. I feel so tired and sleepy.

A: What about drinking a cup of rosemary tea?

B: Does it have any effect?

A: Yes. That helps to fall asleep well. Sometimes I drink a cup of herb tea in the evening.

B: Thank you. I'll try.

3) Conversation

Jane: Tina, would you like a cup of coffee?
티나야, 커피 한 잔 할래?

Tina: Um... yes.
음, 그럴게.

Jane: Do you like coffee?
넌 커피 좋아하니?

Tina: Not so much, but now I feel a bit sleepy, so I want a cup of coffee.
그렇게 많이는 아닌데, 약간 졸려. 그래서 커피 한 잔 했으면 해.

Jane: Okay, what kind do you want?
좋아, 어떤 종류를 원해?

Tina: I want caffe latte. I like the combination of milk and coffee.
카페라떼. 우유와 커피의 조합이 좋아.

Jane: Yes, I want Americano. I'll treat you.
그래, 난 아메리카노 할 거야. 내가 살게.

Tina: Thank you.
고마워.

Jane: Here you are.
여기 있어.

Tina: Oh, I like this taste.
오, 이 맛이 좋아.

Jane: Right, I like the coffee flavor so much, and I think I'm addicted to this wonderful taste.
맞아, 난 커피 풍미(향)가 정말 좋은데, 이 놀라운 맛에 중독된 것 같아.

Quiz

1. 다음 문장에서 괄호에 알맞은 전치사는?

Spicy food doesn't agree (   ) me.
매운 음식은 제게 맞지 않아요.

① of ② on
③ over ④ with

2. 다음 중 어휘와 뜻이 잘 짝지어지지 않은 것은?

① froth - 거품 ② scent - 향기
③ awful - 멋진 ④ bland - 싱거운, 단백한

3. 다음 한국어의 뜻이 될 때 괄호에 들어갈 가장 적절한 단어는?

My mouth is (   ).
군침이 돌아요.

① being watered ② watered by
③ watering ④ having watered

4. 다음 한국어의 뜻이 될 때 괄호에 들어갈 가장 적절한 단어는?

I like to have my steak well (   ).
난 스테이크를 잘 익혀서 먹는 것을 좋아해.

① do ② done
③ doing ④ did

5. '로즈마리는 가장 사랑받는 허브 중의 하나죠.'의 뜻으로 적절한 문장을 고르세요.

① Rosemary is all times favorite herbs.
② Rosemary is all the time favorite herbs.
③ Rosemary is one of all time favorite herb.
④ Rosemary is one of all time favorite herbs.

Review

1. 식성 ★★★

Do you like sweets? 단것을 좋아하시나요?

I have a sweet tooth. 단것을 좋아해요.

Spicy food doesn't agree with me. 매운 음식은 제게 맞지 않아요.

Cheese isn't for me. 치즈는 제 입맛에 맞지 않아요.

I'm allergic to peaches. 전 복숭아 알레르기가 있어요.

I have a relatively healthy diet. 난 비교적 건강식을 먹어요.

2. 커피 ★★★

Does White Mocha Coffee have white chocolate syrup in it?
화이트 모카커피에는 화이트 초콜릿 시럽이 들어가나요?

White chocolate has a sweater taste.
화이트 초콜릿이 좀 더 단맛이 있어요.

There is milk in Latte.
라떼에는 우유가 들어갑니다.

It would taste better if vanilla syrup is added.
바닐라 시럽을 넣어 드시면 맛있어요.

Without cream, please.
크림 빼 주세요.

3. 허브와 와인 ★

Rosemary is one of all time favorite herbs.
로즈마리는 가장 사랑받는 허브 중의 하나죠.

It makes your mind peaceful and helps to fall asleep well.
이것은 당신의 마음을 편안하게 하며 숙면에 도움을 줍니다.

White wine has a kind of sweet flavor.
화이트와인은 약간 달콤한 맛이 납니다.

Cover the wine glass as if wrapping it.
와인 잔을 감싸듯이 하세요.

콩글리시와
잉글리시의
만남

자동차에서 '핸들'이라고 우리가 부르는 것은 영어로는 'steering wheel'이 맞는 표현입니다.

핸들을 그렇게 급하게 꺾지 마.
Kong: Don't turn the handle so sharply.
Eng: Don't turn the steering wheel so sharply.

콕콕
집어주는
용어사전

1. relatively 비교적
Dr. Kim and Dr. Chang are relatively young.
김 박사와 장 박사가 상대적으로 젊어요.

2. picky 까다로운
She doesn't like seafood and cream. She is picky.
그녀는 해산물과 크림을 좋아하지 않아. 그녀는 까다로워.

3. go bad 상하다
The milk went bad.
우유가 상했어.

4. flavor 맛, 풍미, 향미
What is your favorite ice cream flavor?
네가 제일 좋아하는 아이스크림 맛은 무엇이니?

WEEK 11-1
Invitation

Today's Goal 주요학습내용

초대하기 / 날짜와 장소 말하기
초대에 대한 응답

Lecture

1. 어휘

informal 비격식적인	**gathering** 모임	**get off** 내리다
transfer 갈아타다	**pick up** 마중나가다	**next to** ~의 옆에
opposite 맞은편	**invitation** 초청	**appointment** 약속
previous 먼저의, 앞의	**anyway** 어쨌든	**impossible** 불가능한
area 지역	**miss** 놓치다	**get lost** 길을 잃다

2. 구문

1) 초대하기

① 상대방의 상황을 묻기

초대를 하려면 우선 상대방의 상황을 묻는 것이 먼저 할 일이지요. Are you free...? 한가하세요?

Are you busy **tomorrow afternoon**?
내일 오후에 바쁜가요?

Do you have any plans **this weekend**?
이번 주말에 계획 있으세요?

What are you doing on **Sunday**?
일요일에는 뭐 할 건가요?

② 초대하기

집으로 상대방을 초대할 때 여러 가지 표현들이 있습니다.

I would like to **invite you to my house.**
당신을 집에 초대하고 싶어요.

Would you like to...?는 공손한 표현입니다.

Would you like to come to my house for dinner?
저녁식사 때 저희 집에 오지 않으시겠어요?

Would you like to come to Jenny's house for dinner at 7 o'clock this Friday?
이번 금요일 저녁 7시에 저녁식사하러 제니 집에 오지 않으시겠어요?

좀 더 친한 사이에서는 다음과 같은 표현을 씁니다.

Why don't you **come to my house next Saturday?**
다음 토요일에 우리 집에 올래?

Can you come to dinner at my house tomorrow night?
내일 밤에 우리 집에 저녁 먹으러 올래?

③ 모임 소개

어떤 종류의 파티/모임인지 이야기해 줍시다.

What kind of party will this be?
무슨 파티인데요?

It's an informal gathering of friends.
가벼운 친구들의 모임이에요.

It's a dinner/birthday/cocktail party.
만찬회/생일 파티/칵테일 파티예요.

2) 날짜와 장소 말하기

① 날짜의 표시방법

초대하고 싶은 날짜와 요일을 분명하게 말해야 하지요. 날짜만을 말할 때는, 서수(1st, 2nd, 3rd, 4th… th)를 씁니다. the를 잊지 않고 붙이도록 합니다.

We are having a party on the 15th.
15일에 파티를 할 겁니다.

달을 날보다 먼저 이야기할 때 날은 기수로, 날을 먼저 이야기하면 서수로 합니다.

We are having a party on March 12.
We are having a party on the 12th of March.
3월 12일에 파티를 합니다.

요일도 같이 말할 때는 요일을 먼저 말합니다.

On Monday the 17th, I'll go there.
17일 월요일에 거기 갈게요.

그 외 next Wednesday(다음 주 수요일), Saturday night(토요일 밤), the day after tomorrow (모레) 등의 표현이 있습니다.

② 장소 알려주기

장소를 알려주는 표현을 익혀 봅시다. 대중교통을 많이들 이용하지요.

You can get off at Seodaemun Subway Station.
전철로 서대문역에서 내리면 돼.

You can transfer to the town bus number 5.
5번 마을버스로 갈아탈 수 있어.

I'll meet you at the station at eight.
8시에 역에서 만나요.

I'll come and pick you up around five.
5시쯤 마중하러 가겠습니다.

Here is a map to my house.
여기 우리 집까지의 지도가 있어요.

Go straight. 앞으로 쭉 가세요.

Turn right/left. 오른쪽/왼쪽으로 가세요.

It's next to the cafe. 카페 옆에 있어요.

It's the opposite of the post office. 우체국 맞은편이에요.

It's in front of the bank. 은행 앞에 있어요.

초대받은 사람이 자신의 차로 운전해서 올 경우, 네비게이션이 있다면 주소를 알려주면 됩니다. 영어로 주소를 말할 때는 번지를 먼저 말하고 그 후에 동을 말하는 순서로 합니다.

twenty-three seven Yeonnam-Dong
23-7, 연남동

3) 초대에 대한 응답

초대의 말을 들었다면 이에 대하여 갈 수 있는지, 일정을 체크해 봐야 하는지, 사정이 있어 갈 수 없는지 본인의 상황에 따라 적절한 응답을 해봅시다.

① 승낙의 응답

would you like to~로 물었다면 would like to로 답하는 것이 좋습니다.

Would you like to come to my house?
저희 집에 오지 않으시겠어요?

Yes, I would like to.
네, 가겠습니다.

초대를 승낙하는 여러 가지 응답의 표현을 살펴 봅시다.

Sure. / Okay/ Great./ Thank you.

I'll be glad to come.
기꺼이 갈게요.

Thank you for the invitation.
초대 고마워요.

② 분명하게 응답할 수 없을 때

아직 확답할 수 없을 때입니다.

I'm not sure yet.
아직 모르겠어요.

I'll let you know soon/tomorrow.
곧/내일 연락드릴게요.

Let me think about it.
생각 좀 하게 해주세요.

I'll get back to you.
다시 연락하겠습니다.

③ 거절의 응답

그 자리에서 거절할 때는 초청한 상대의 기분을 상하지 않도록 합니다. 그저 단순하게 I can't라고 하기보다는 I'm sorry나 I'm afraid(유감입니다만)을 넣는 것이 좋습니다. 그리고 가능하다면 이유를 말하면 좋습니다.

I'm afraid I have some other plans.
다른 계획이 있어요.

I'm sorry I have another appointment.
다른 약속이 있어요.

I have an important meeting that day.
그날에 중요한 회의가 있어요.

I have a previous appointment.
선약이 있어요.

I probably won't make it.
아마도 못 갈 것 같아요.

I really wish I could go.
갈 수 있다면 좋을 텐데 말이에요.

거절하는 경우에도 초대에 대한 감사인사를 하는 것이 좋습니다.

Thank you anyway. 어쨌든 고마워요.

Thank you just the same. 어쨌든 고마워요.

Thank you for asking me. 초청해 주셔서 감사해요.

다음번을 기약하는 말을 하면 좋겠죠.

Maybe another time. 아마도 다음번으로요.

I'll join you next time. 다음번에는 합류할게요.

3. Practice

1) Pronunciation

gathering [gǽðəriŋ]의 th 발음은 [ð] 발음으로 [ð]는 한국어에 없는 소리입니다. 편의상 'ㄷ'로 표기할 수밖에 없지만 'ㄷ' 같이 발음해서는 안 됩니다. [ð]는 혀가 윗니에 살짝 닿은 상태에서 나는 소리입니다. 아랫니로 혀를 물고 내는 소리로 알고 있습니다만, 혀를 물지 않고 소리를 내는 것이 이 소리를 내는 요령입니다. father, mother에서도 th 발음이 같은 발음입니다. 연습해 봅시다.

2) Short conversation

A: Are you free on the third?

B: I'm sorry, my schedule is full on the third.

A: How about the fourth?

B: I'm very busy this week.

A: I would really like you to come.

B: I'm sorry, it's impossible.

A: I understand.

B: Maybe next time.

3) Conversation

A: Please tell me where you live.
네가 사는 곳이 어디인지 알려 줘.

B: Do you know Chunyeondong well?
천연동 지역 잘 아니?

A: No, not really.
아니, 잘 몰라.

B: You can get off at Chungjeongro Subway Station by subway.
전철로 충정로역에서 내리면 돼.

Then, you can transfer to the town bus number 2.
그러고 나서, 2번 마을버스로 갈아탈 수 있어.

Well, let me draw you a map from the station.
역에서부터의 지도를 그려 줄게.

A: Okay, I think I'll be able to find it.
알았어, 찾을 수 있을 것 같아.

B: You can't miss it. If you get lost, call me.
쉽게 찾을 수 있어. 길을 잃으면 전화해.

Quiz

1. 다음 문장에서 괄호에 알맞은 전치사는?

   We are having a party (   ) the 15th.
   15일에 파티를 할 겁니다.

   ① of　　② on
   ③ over　　④ for

2. 다음 중 어휘와 뜻이 잘 짝지어지지 않은 것은?

   ① informal - 비격식적인　　② gathering - 모임
   ③ previous - 먼저의, 앞의　　④ anyway - 이런 방법으로

3. 다음 한국어의 뜻이 될 때 괄호에 들어갈 가장 적절한 단어는?

   You can (   ) to the shuttle bus number 5.
   5번 마을버스로 갈아탈 수 있어.

   ① transit　　② changed
   ③ transfer　　④ translate

4. 다음 한국어의 뜻이 될 때 괄호에 들어갈 가장 적절한 단어는?

   It's (   ) to the cafe.
   카페 옆에 있어요.

   ① next　　② front
   ③ opposite　　④ behind

5. '3월 12일에 파티를 합니다.'의 뜻으로 적절한 문장을 고르세요.

   ① We are having a party in the 12th of March.
   ② We are having a party on March of 12th.
   ③ We are having a party on the 12th of March.
   ④ We are having a party on 12 at March.

Review

1. 초대하기

Are you busy tomorrow afternoon?
내일 오후에 바쁜가요?

Do you have any plans this weekend?
이번 주말에 계획 있으세요?

What are you doing on Sunday?
일요일에는 뭐 할 건가요?

2. 날짜와 장소 말하기

We are having a party on the 12th of March.
3월 12일에 파티를 합니다.

You can get off at Seodaemun Subway Station.
전철로 서대문역에서 내리면 돼.

You can transfer to the town bus number 5.
5번 마을버스로 갈아탈 수 있어.

I'll meet you at the station at eight.
8시에 역에서 만나요.

I'll come and pick you up around five.
5시쯤 마중하러 가겠습니다.

3. 초대에 대한 응답

I'm not sure yet.
아직 모르겠어요.

I'll let you know soon/ tomorrow.
곧/내일 연락 드릴게요.

Let me think about it.
생각 좀 하게 해주세요.

I'm afraid I have some other plans.
다른 계획이 있어요.

I'm sorry I have another appointment.
다른 약속이 있어요.

콩글리시와 잉글리시의 만남

집에서 뭔가 수리를 위해 공구함에서 '드라이버' 가져와라 이런 말을 하는데요, 정확한 영어 표현은 screw driver가 맞습니다. Driver는 운전하는 사람이니까요.

드라이버 좀 가져와라.

Kong: Get me the driver.

Eng: Get me the screw driver.

콕콕 집어주는 용어사전

1. **next to ~의 옆에**

   The bank is next to the police office.

   은행은 경찰서 옆에 있어요.

2. **impossible 불가능한**

   It's impossible to get the ticket.

   표를 구하는 것은 불가능해.

3. **get lost 길을 잃다**

   I got lost on my way back to the hotel.

   호텔로 돌아가는 길을 잃어 버렸어.

4. **anyway 어쨌든**

   I don't need any help right now. But thanks anyway.

   지금 당장은 도움이 필요없습니다만, 어쨌든 감사합니다.

WEEK 11-2
Job Interview

Today's Goal 주요학습내용

졸업 후 진로 / 면접
지원동기와 수입

Lecture

1. 어휘

be scheduled to ~하도록 예정되다
Department office 과사무실
opening 공석, 빈자리, 결원
application process 지원절차
screening 심사, 선발
excel 뛰어나다, 탁월하다
degree 학위
driver's license 운전면허증
a quick learner 빨리 일을 배우는 사람
Sales Department 영업부
be suited to ~에 잘 맞다
imagination 상상력
assistant teacher 조교
job advertisement 채용공고
stage 단계, 무대
qualification 자격
educational background 학력
certificate 자격증
night school 야학
potential 잠재력
annual income 연봉
salary 급여

annual income 연봉
Sales Department 판매부
Management Department 기획실

2. 구문

1) 졸업 후 진로

진로를 잘 찾는 것은 일생에서 아주 중요한 일입니다. 앞으로 선택하는 직업이나 일에 일생 중에서 많은 시간을 보낼 것이기 때문에 그렇지요. 내가 잘할 수 있고, 좋아하는 일을 찾는 것이야말로 행복한 인생을 살 수 있는 첫걸음이 될 것입니다.

Well, you are going to graduate from school soon. You are seeking a job. 자, 당신은 학교를 곧 졸업할 예정입니다. 직업을 찾고 있는 중입니다. Can you reply using your imagination? 여러분의 상상력을 사용하여 답변해줄 수 있나요?

① 졸업 후에 대한 이야기

A: What are you going to do after your graduation?
졸업 후에 무엇을 할 예정이니?

B: I'm not sure.
확실히 모르겠어.

I haven't decided yet.
아직 결정하지 않았어.

I'm planning to enter a graduate school.
대학원에 들어가려고 해.

I'm thinking of going abroad for studying.
공부를 위해 외국에 가는 걸 생각 중이야.

I want to work for the bank.
은행에서 일하고 싶어.

I want to be a teacher.
선생님이 되고 싶어.

(Your own answer) ________________________________.

A: What do you need to prepare?
뭘 준비해야 하니?

B: I have to study for the employment exam.
입사시험을 준비해야 해.

I should get a high score in TOEIC.
토익에서 높은 점수를 받아야 해.

I will study English speaking, writing, and listening.
영어 말하기, 읽기, 듣기 공부를 할 거야.

I start to prepare for the exam with my friends.
친구들과 함께 시험 준비를 시작해.

I need to prepare the English interview.
영어면접을 준비하는 것이 필요해.

(Your own answer) ____.

② 과사무실에서(In a department office)

A: I want to apply for the graduate program. What shall I prepare?
저는 대학원 프로그램에 지원하고 싶어요. 뭘 준비해야 하나요?

B: You need to prepare the TOEIC.
토익을 준비해야 해요.

You have to take the test.
시험을 응시해야 해요.

You should submit the application by next month.
다음 달까지 지원서를 제출해야 해요.

(Your own answer) ____.

③ 직장에서(In a workplace)

I have seen a job advertisement for a salesman.
판매직에 대한 구인광고를 보았습니다.

How can I apply for your company?
어떻게 당신의 회사에 지원하면 되나요?

What is the application process?
지원 절차는 어떻게 되나요?

You have to send the documents by next week.
다음 주까지 서류를 보내야 합니다.

You have passed the first stage of the screening process.
1차 서류심사에 합격하셨습니다.

I'll put you in for an interview tomorrow.
내일로 당신의 면접 일정을 잡겠습니다.

We will hire 9 salesmen this season.
우리는 이번 시즌에 아홉 명의 판매원을 고용할 것입니다.

A: What kind of occupation are you looking for or what company do you want to get in?
어떤 직업을 찾고 있나요? 아니면, 어떤 회사에 들어가길 원하세요?

B: I want a job which pays very well and which is right for my major and talent.
급료를 잘 주며, 나의 전공과 재능에 잘 맞는 직업을 원해요.

2) 면접

면접 영어는 필수적으로 알아두어야 하는 시대입니다. 잘 익혀 봅시다.

Can you introduce yourself?
자기소개 해보시겠어요?

Why do you feel that you excel in this area?
왜 본인이 이 분야에서 뛰어나다고 생각하시나요?

Do you have any certifications?
자격증 가지고 있는 것 있나요?

① 학력

Please tell me about your educational background?
당신의 학력에 대해 말해 주세요.

I got a Master's degree at Birmingham University.
저는 버밍험 대학교에서 석사학위를 받았습니다.

I got an excellent grades in English Education area.
영어교육 분야에서 탁월한 학점을 받았습니다.

I got a scholarship in my college years.
대학교 때 장학금을 받았어요.

Bachelor's degree 학사학위
Master's degree 석사학위
Doctor's degree 박사학위

---

② 능력

What are your qualifications?
당신은 어떤 자격을 갖추고 계십니까?

I have a teacher's certificate.
교사자격증이 있어요.

I have a driver's license, and I can drive very well.
운전면허증을 가지고 있고, 운전도 아주 잘해요.

③ 경력

Do you have any teaching experience?
가르쳐 본 경험이 있나요?

During my college years, I taught in a night school.
대학 시절에 야학에서 가르쳤어요.

Do you have any work experience?
업무경험이 있으신가요?

No, but I'm a quick learner.
없습니다만, 저는 일을 빨리 배웁니다.

3) 지원동기와 수입/복리후생

① 지원동기

A: Why do you apply for our company?
저희 회사에 지원한 동기가 무엇인가요?

B: I have wanted to be a teacher since childhood.
어릴 때부터 선생님이 되고 싶었어요.

I want to use my knowledge and ability.
저의 지식과 능력을 사용하고 싶어요.

I believe that I can fully realize my potential in this company.
이 회사에서 저의 잠재력을 최대한 실현시킬 수 있다고 믿어요.

I think your company has a large potential for growth.
이 회사가 성장 가능성이 많다고 생각합니다.

I think I'll be able to get a valuable experience.
소중한 경험을 얻을 수 있을 거라고 생각합니다.

(Your own answer) ______________________________________.

A: What section do you want to work in?
어떤 부서에서 근무하기를 희망합니까?

I believe I'm best suited to work in the Writing Education Department.
작문교육 부서에서 일하는 것이 가장 적성에 맞다고 생각합니다.

I want to work in the Management Department / Sales Department.
기획실/판매부에서 근무했으면 좋겠습니다.

(Your own answer) ______________________________________.

② 연봉

What's the salary like?
급여는 어떻습니까?

What will be my annual income?
연봉은 얼마나 되나요?

What is the salary that you want to be given?
받기 원하는 급여가 얼마입니까?

I want to start at around $2,000 per month.
월급으로 $2,000 정도에서 시작했으면 합니다.

I'd like a salary of $30,000 a year.
연봉 $30,000를 받고 싶습니다.

3. Practice

1) Pronunciation

quality에서 qu는 우리말의 [콸]과는 다릅니다. 한국어로 설명을 한다면 [쿠+어]로 발음한다고 보면 되겠습니다. 이와 같은 느낌으로 qualification, queen, question 등을 발음해 봅시다.

2) Short conversation

직업을 찾고 있는 상황입니다.

A: If you get in the company, what position do you want?
회사에 들어가면 어떤 직책을 원하세요?

B: Because I don't have any experience, I want a beginner's position.
나는 경력이 없어서, 초보직을 원해요.

A: How much do you want to get paid?
봉급은 얼마 받기를 원하세요?

B: At least, I'd like to receive 1,700,000 won. But in that respect, I'll follow the company regulation. I think the more the better.
최소한 170만 원을 받고 싶습니다. 그러나 그 점에 있어서는 회사규정에 따르겠습니다. 많으면 많을수록 좋겠지요.

A: Why do you think it is difficult to get a job these days?
왜 요즈음 취직하기가 어렵다고 생각하십니까?

B: As you see, there are a lot of people who want to get a job. But there aren't many occupations because economic situations is bad.
알다시피, 취직하려는 사람은 많지요. 하지만 경제상황이 안 좋아서 일자리가 많지 않아요.

3) Conversation

취직 면담 상황입니다.

A: Why do you want to work for our company?
왜 우리 회사에 근무하기를 원하시나요?

B: The pay is high and working conditions are excellent. So I am applying.
봉급도 많이 주고 근무조건도 좋고 해서요. 그래서 지원했어요.

A: Our company demands 10 hours-work-a day, 6 days-work-a week and overtime on Sunday. In that respect, what do you think about that?
우리 회사는 하루에 10시간 근무, 일주일에 6일, 그리고 가끔 일요일에도 특근을 요구합니다. 그 점에 있어서 어떻게 생각합니까?

B: No problem. I can understand your working conditions.
그것은 문제가 되지 않습니다. 귀사의 근무조건을 이해합니다.

A: Would you tell me your character so that I can understand you?
당신을 이해할 수 있도록 성격을 얘기할 수 있겠습니까?

B: I am diligent, efficient, and I can be friends with others easily.
부지런하고 능률적이고 누구하고나 쉽게 친할 수 있어요.

A: If you are hired, with what attitude are you going to work?
만일 당신이 고용된다면, 어떤 태도로 근무하겠어요?

B: If I am offered an opportunity, I'll do my best with all my might for the development of the company. This is the only word that I can say now.
제게 기회가 주어진다면, 최선을 다해 회사의 발전을 위해 노력하겠습니다. 이 말만을 현재 제가 할 수 있습니다.

A: Good. I'd like you to go home and wait for the good news. I wish you good luck.
좋습니다. 댁에 가셔서 소식을 기다리십시오. 행운을 빕니다.

Quiz

1. 다음 문장에서 괄호에 알맞은 전치사는?

   (　　　　) my college years, I taught in a night school.
   대학 시절에 야학에서 가르쳤어요.

   ① During　　② For　　③ Over　　④ With

2. 다음 중 어휘와 뜻이 잘 짝지어지지 않은 것은?

   ① degree - 학위
   ② certificate - 자격증
   ③ a quick learner - 빨리 일을 배우는 사람
   ④ excel - 느리다

3. 다음 한국어의 뜻이 될 때 괄호에 들어갈 가장 적절한 단어는?

   I believe that I can fully (　　　　) my potential in this company.
   이 회사에서 저의 잠재력을 최대한 실현시킬 수 있다고 믿어요.

   ① realize　　② go　　③ get　　④ have

4. 다음 한국어의 뜻이 될 때 괄호에 들어갈 가장 적절한 단어는?

   I have a teacher's (　　　　).
   교사자격증이 있어요.

   ① certificate　　② paper　　③ ability　　④ scholar

5. '연봉은 얼마나 될 것인가요?'의 뜻으로 적절한 문장을 고르세요.

   ① What will be my monthly payment?
   ② What will be my annual income?
   ③ What will be my anniversary income?
   ④ What will be my most pay?

Review

1. 졸업 후 진로 ★★

Well, you are going to graduate from school soon. You are seeking a job.
자, 당신은 학교를 곧 졸업할 예정입니다. 직업을 찾고 있는 중입니다.

I should get a high score in TOEIC. 토익에서 높은 점수를 받아야 해.

I will study English speaking, writing, and listening.
영어 말하기, 읽기, 듣기 공부를 할 거야.

I start to prepare for the exam with my friends.
친구들과 함께 시험 준비를 시작해.

I need to prepare the English interview.
영어면접을 준비하는 것이 필요해.

2. 면접 ★★★

What are your qualifications? 당신은 어떤 자격을 갖추고 계십니까?

I have a teacher's certificate. 교사자격증이 있어요.

I have a driver's license, and I can drive very well.
운전면허증을 가지고 있고, 운전도 아주 잘해요.

During my college years, I taught in a night school.
대학 시절에 야학에서 가르쳤어요.

3. 지원동기와 수입 ★★

I believe that I can fully realize my potential in this company.
이 회사에서 저의 잠재력을 최대한 실현시킬 수 있다고 믿어요.

I think your company has a large potential for growth.
이 회사가 성장 가능성이 많다고 생각합니다.

I think I'll be able to get a valuable experience.
소중한 경험을 얻을 수 있을 거라고 생각합니다.

I believe I'm best suited to work in the Writing Education Department.
작문교육 부서에서 일하는 것이 가장 적성에 맞다고 생각합니다.

I want to work in the Management Department / Sales Department.
기획실/판매부에서 근무했으면 좋겠습니다.

콩글리시와
잉글리시의
만남

우리는 선수들의 등번호를 back number라고들 하는데, 정확한 영어 표현으로는 number 또는 uniform number라고 하는 것이 옳습니다.
back number는 (잡지 등의) 백 넘버, 시대에 뒤떨어진 사람(방법 · 것), (명성 · 인기를 잃은) 과거의 인사라는 의미를 가지고 있습니다.

그의 등번호는 7번이야.
Kong: His back number is 7.
Eng: His uniform number is 7.

콕콕
집어주는
용어사전

1. screening 심사, 선발
I passed the first stage of the screening process.
1단계 심사 과정에 합격했어.

2. excel 뛰어나다, 탁월하다
He excels in the workplace.
그는 직장에서 탁월함을 보여.

3. degree 학위
I got my degree at UC Berkeley.
난 학위를 UC Berkeley에서 받았어.

4. a driver's license 운전면허증
I finally got a driver's license.
드디어 운전면허를 땄어.

WEEK 12-1
Language

Today's Goal 주요학습내용

세계의 언어들 / 영어교육
영어공부 방법

Lecture

1. 어휘

countless 셀 수 없는(많은)	**international** 국제적인
global 세계적인	**village** 마을
disappear 사라지다	**official** 공식적인, 공무상의
scientific 과학적인	**select** 선택하다
native speaker 원어민	**kindergarten** 유치원
desirable 바람직한	**English-speaking country** 영어를 말하는 나라
acquisition 습득	**device** 장치
regarding ~에 대해	**keep a diary** 일기를 쓰다

2. 구문

1) 세계의 언어들

A: How many languages are there in the world?
세계에는 얼마나 많은 언어들이 있지?

B: Countless languages.
셀 수 없이 많은 언어들이 있어.

A: If you could speak another language, which one would you choose?
네가 다른 언어를 말할 수 있다면, 어떤 언어를 선택하고 싶니?

B: I would choose Chinese (Japanese / Spanish / English/ Korean).
중국어(일본어/ 스페인어/ 영어/ 한국어)를 선택할 거야.

A: Why would you choose this language?
왜 이 언어를 선택할 거니?

B: I like Spanish culture.
난 스페인의 문화를 좋아해.

In the future, I want to live in France.
미래에, 프랑스에서 살고 싶어.

(Your own answer) ________________________________.

A: Do you think that all students should learn more than one language in school?
모든 학생들이 학교에서 한 언어 이상을 배워야 한다고 생각하니?

B: I think studying English is enough because English is an international language.
내 생각엔 영어공부로 충분한 것 같아. 왜냐하면 영어는 국제어니까.

I think that all students should learn 2 or 3 languages because we live in a global village.
난 모든 학생들이 두세 개의 언어를 배워야 한다고 생각해. 우리는 지구촌에 살고 있으니까.

(Your own answer) ________________________________.

A: Why do you think many languages disappear?
왜 많은 언어들이 사라진다고 생각하나요?

B: I think that some major languages are used instead of the minor languages.
내 생각엔 주된 언어들이 소수 언어들을 대신하여 쓰인다고 봐.

(Your own answer) ______________________________.

____

the first language 제1언어(=native language, mother tongue), 모국어
the second language 제2언어(제1언어 다음으로 나라에서 공용으로 사용하는 언어)
the foreign language 외국어

2) 영어교육

A: Should English be an 'Official Language' in Korea? Why or why not?
영어는 한국에서 '공용어'가 되어야 하나요? 왜 그런지 또는 왜 아니라고 생각하나요?

B: I don't think so. We have 'Hanguel' (Korean language) which is very scientific. We can learn English as a foreign language.
저는 그렇게 생각하지 않아요. 우리는 '한글', 아주 과학적인 한국어를 가지고 있어요. 영어는 외국어로 배울 수 있어요.

(Your own answer) ______________________________.

A: Should Chinese be taught in schools instead of English?
중국어를 영어 대신에 학교에서 가르쳐야 하나요?

B: That's not wise. (It is desirable that) Only the students who want to study Chinese can select that language.
그건 현명하지 않아요. 중국어를 배우고자 하는 학생들만 그 언어를 선택할 수 있어요.

(Your own answer) ______________________________.

A: Do you think Korean teachers are better than native speakers of English?
영어 원어민보다 한국인 선생님이 더 좋다고 생각하나요?

B: I think Korean teachers are better because they can understand the problems of Korean students.
저는 한국인 선생님이 더 좋다고 생각해요. 왜냐하면 한국인 선생님들은 한국학생들의 문제점들을 이해하기 때문이죠.

I prefer native speakers of English because I want to talk with foreigners.
난 원어민이 더 좋은데, 외국인과 대화하고 싶어서예요.

(Your own answer) ____.

A: Do you want to send your children to English language kindergarten?
당신의 자녀들을 영어유치원에 보내고 싶나요?

B: Yes, I want to help my children learn English when they are young.
네, 아이들이 어릴 때 영어를 습득하도록 도와주고 싶어요.

No, that's too expensive. I'll teach English to my children for myself.
아니요, 너무 비싸요. 내가 직접 영어를 가르칠 거예요.

(Your own answer) ____.

A: Do you think Korean parents should speak in English to their children?
한국 부모들이 자녀들에게 영어로 이야기해야 한다고 생각하나요?

B: No, we are not living in an English-speaking country. That's not desirable.
아니요, 우리는 영어를 말하는 나라에 살고 있지 않아요. 그건 바람직하지 않아요.

Yes, rather than to teach grammar, to have conversation together is better to acquire English.
네. 문법을 가르치는 것보다 같이 대화하는 것이 영어 습득에 더 좋아요.

(Your own answer) ____.

English as a Second language (ESL) 제2언어로서의 영어
English as a foreign language (EFL) 외국어로서의 영어
Teaching English to the Speakers of Other Languages (TESOL)
타국어 화자에 대한 영어 교수법, 다른 언어를 말하는 화자들에게 영어를 가르치는 것

참고 **언어습득장치(language acquisition device)**

촘스키는 미국의 언어학자, 철학자, 아나키스트, 정치 활동가입니다. 살아 있는 미국 최고의 석학이라고도 불리는데요. 언어습득장치(LAD)는 촘스키(N. Chomsky)가 인간의 선천적인 언어발달 능력의 경이로움을 설명하려고 고안한 언어 습득과 관련된 가상의 장치(device)입니다. 촘스키에 따르면 인간의 뇌에는 태어날 때부터 선천적으로 언어를 습득할 수 있도록 하는 보편적 문법지식이 언어 습득 장치에 미리 프로그램화되어 있어서 아동이 언어입력(language input) 시 별다른 노력을 기울이지 않고도 자동적으로 언어를 습득할 수 있다고 합니다.

3) 영어공부 방법

What is the best way to learn a language?
언어를 배우는 가장 좋은 방법은 무엇인가요?

I'd like to give you questions regarding the study of English.
당신에게 영어공부에 대하여 물어보고 싶어요.

A: How long have you been studying English?
영어공부를 얼마 동안 해왔나요?

B: As you know, since elementary school (middle school).
알다시피 초등학교(중학교) 때부터요.

(Your own answer) ____.

A: Where are you studying English now?
어디서 지금 영어공부를 하고 있나요?

B: In school. / In academy.
학교에서요. / 학원에서요.

(Your own answer) ____.

A: How many hours a day do you practice?
하루에 몇 시간이나 연습하나요?

B: About half hour a day. / Two hours a week.
하루에 30분 정도요. / 일주일에 두 시간요.

(Your own answer) ____.

A: What do you think is the best way to speak English well?
영어를 잘할 수 있는 길이 무엇이라고 생각하나요?

B: In my opinion, we have to speak and read everyday in English.
내 의견으로는, 날마다 영어로 읽고 말해야 한다고 생각해요.

(Your own answer) ____.

3. Practice

1) Pronunciation

Countless에서 t 발음은 [트]처럼 하지 않고 들릴락 말락 하게 발음합니다. [으] 발음을 넣지 말고 발음해 봅시다.

2) A learning diary

본문에서 영어공부와 세계화에 대하여 토론해 보았습니다. 이번 시간에는 나의 영어공부를 돌아보면서 학습일지를 쓰는 것을 배워봅시다. Write your own diary for this week, like the one below. Write your plans for next week.

〈Learning diary〉

A. In class this week

1) I've learnt some vocabulary about ______ and we've practised conditional sentences.
2) We've talked about ...
3) We've listened to...

B. Out of class this week

1) I've done some exercises from the workbook.
2) I've written an e-mail to a friend in America.
3) I've watched the news on CNN.

C. Out of class next week

1) I'm going to borrow an English video (a comedy).

2) I'm going to look at web pages on mountain bikes on the Internet.

3) English out of class time

교실 밖에서 나의 영어공부는 어떠한가요? 아래 활동 중에서 어떤 영어학습과 관련된 활동을 하는지 살펴 봅시다.

Which activities below can help you practise speaking, listening, reading, or writing?

- see a film in English (with subtitles) at the cinema or on video
- start up a conversation with some English-speaking tourists
- look at English-language newspapers or magazines
- follow the words of a song in English
- use the Internet to find out about things that interest you
- send and receive e-mails in English
- go to an event in English in your town (a play, a talk)
- watch a TV programme in English
- join an English-speaking club
- keep a diary in English

Quiz

1. 괄호에 맞는 전치사를 고르세요.

   ESL은 English (　　　　) a Second language의 약자입니다.

   ① of　　　② as

   ③ over　　　④ for

2. 다음 중 어휘와 뜻이 잘 짝지어지지 않은 것은?

   ① kindergarten - 초등학교　　　② desirable - 바람직한

   ③ acquisition - 습득　　　④ device - 장치

3. 다음 한국어의 뜻이 될 때 괄호에 들어갈 가장 적절한 단어는?

   Should Chinese be (　　　　) in schools instead of English?

   중국어를 영어 대신에 학교에서 가르쳐야 하나요?

   ① taught　　　② teaching

   ③ learning　　　④ having teach

4. 다음 한국어의 뜻이 될 때 괄호에 들어갈 가장 적절한 단어는?

   Do you think Korean teachers are better than (　　　　) speakers of English?

   영어 원어민보다 한국인 선생님이 더 좋다고 생각하나요?

   ① English　　　② mother

   ③ native　　　④ nation

5. '영어공부를 얼마 동안 해왔나요?'의 뜻으로 적절한 문장을 고르세요.

   ① How long have you been studying English?

   ② How long have you being studying English?

   ③ How long have you studying English?

   ④ How long have you study English?

Review

1. 세상의 언어들 ★

If you could speak another language, which one would you choose?
네가 다른 언어를 말할 수 있다면, 어떤 언어를 선택하고 싶니?

Do you think that all students should learn more than one language in school?
모든 학생들이 학교에서 한 언어 이상을 배워야 한다고 생각하니?

I think studying English is enough because English is an international language.
내 생각엔 영어공부로 충분한 것 같아. 왜냐하면 영어는 국제어니까.

I think that all students should learn 2 or 3 languages because we live in a global village.
난 모든 학생들이 두세 개의 언어를 배워야 한다고 생각해. 우리는 지구촌에 살고 있으니까.

2. 영어교육 ★★

Should English be an 'Official Language' in Korea? Why or why not?
영어는 한국에서 '공식적인 언어'가 되어야 하나요? 왜 그런지 또는 왜 아니라고 생각하나요?

I don't think so. We have 'Hanguel' (Korean language) which is very scientific. We can learn English as a foreign language.
저는 그렇게 생각하지 않아요. 우리는 '한글', 아주 과학적인 한국어를 가지고 있어요.
영어는 외국어로 배울 수 있어요.

Should Chinese be taught in schools instead of English?
중국어를 영어 대신에 학교에서 가르쳐야 하나요?

That's not wise. Only the students who want to study Chinese can select the language.
그건 현명하지 않아요. 중국어를 배우고자 하는 학생들만 그 언어를 선택할 수 있어요.

3. 영어공부 방법 ★★

Where are you studying English now? 어디서 지금 영어공부를 하고 있나요?

How many hours a day do you practice? 하루에 몇 시간이나 연습하나요?

What do you think is the best way to speak English well?
영어를 잘할 수 있는 길이 무엇이라고 생각하나요?

In my opinion, we have to speak and read everyday in English.
내 의견으로는, 날마다 영어로 읽고 말해야 한다고 생각해요.

콩글리시와 잉글리시의 만남

축구에서 가장 고대하는 단어라면 '골인'(goal in)일 겁니다. 하지만 영어 표현으로는 goal, 또는 make a goal이 맞는 표현입니다.

골인!
Kong: Goal in!
Eng: Goal!

콕콕 집어주는 용어사전

1. international 국제적인
We have an international conference.
국제회의가 있어요.

2. official 공식적인, 공무상의
What is the official name of this country?
이 나라의 공식 명칭이 무엇인가요?

3. native speaker 원어민
He is a native speaker of English.
그는 영어 원어민이야.

4. keep a diary 일기를 쓰다
I keep a diary before sleeping.
난 자기 전에 일기를 써.

WEEK 12-2
Time and Money

Today's Goal 주요학습내용

시간 사용 / 돈 사용
은퇴 후 하고 싶은 일

Lecture

1. 어휘

efficiently 능률적으로, 효율적으로
arrange 정돈하다
respect (=look up to) 존경하다
meditate 명상, 묵상하다
SUV (=sports utility vehicle) 스포츠형의 다목적 자동차
second-hand 중고의
pension 연금
against my old age 노후를 대비하여
volunteer 자원의, 자원봉사자
disabled 신체장애가 있는
simultaneously 동시에
stuff 물건
invest 투자하다
lottery 복권
financially 재정적으로
deposit 저축하다, 맡기다, 보증금
underdeveloped country 저개발국가
welfare facility 복지시설
autobiography 자서전

2. 구문

1) 시간 사용

우리의 인생은 시간으로 이루어져 있죠. 시간을 잘 보내는 것이 우리의 인생을 잘 보내는 것일 거예요. How do you spend your time? 당신의 시간을 어떻게 보내나요?

A: How do you manage your time efficiently?
시간을 어떻게 효율적으로 관리하나요?

B: I try to do the several works simultaneously.
몇 가지 일을 동시에 하려고 노력해요.

I do the work from the most important to the least important.
가장 중요한 것부터 덜 중요한 것의 순서로 일을 해요.

I try to do the work according to the priority.
우선순위에 따라서 일을 하려고 노력해요.

I write all the works that I have to do in my diary.
다이어리에 해야 할 모든 일들을 적어요.

I plan what I have to do in the morning.
해야 할 일에 대하여 아침에 계획해요.

(Your own answer) ____.

A: If you have a vacation for two months, what will you do?
두 달간의 휴가가 있다면 무엇을 할 것인가요?

B: I'll clean the house and arrange my stuff.
집을 청소하고 물건들을 정돈할 거예요.

I'll leave my house, and have time to think about my life.
집을 떠나서 내 인생에 대해 생각하는 시간을 가지겠어요.

I'll go to Jeju-do, and enjoy the beautiful scenery.
제주도에 가서 아름다운 풍경을 즐기겠어요.

(Your own answer) ____.

A: Whom do you respect? How did they spend their time?
당신이 존경하는 사람은 누구인가요? 그들은 시간을 어떻게 사용했나요?

B: I respect Dr. Jang who helped other people. He spent most of his time on taking care of other people.

I look up to professor Kim who affected his students a lot. He invested his time and energy in his students.

(Your own answer) ____.

A: What can I apply? How can you spend your time to make your life valuable?

나는 무엇을 적용할 수 있을까요? 당신의 삶을 가치있게 하기 위하여, 시간을 어떻게 보낼 수 있을까요?

B: I'll have time to meditate.

명상하는 시간을 가지겠어요.

I'll have time to help others.

다른 사람들을 돕는 시간을 갖겠어요.

(Your own answer) ____.

2) 돈 사용

A: If money were no object, which make or brand of these products would you buy?

만약 돈이 아무 문제가 안 된다면, 이러한 제품들의 어떤 브랜드를 사고 싶나요?

car: ____

house: ____

computer: ____

clothes: ____

A: If you won a lottery, what would you do?

복권에 당첨된다면 무엇을 하고 싶나요?

(가정법을 사용해 보았습니다. 현재는 당첨된 것이 아니므로, 현재 사실이 아닌 것에 대한 가정으로, 'If 주어 과거동사~, 주어 would/could/might 동사원형')

B: I would buy a house near the mountain.

산 주위에 집을 사고 싶어요.

I would buy a SUV for my family.
가족들을 위해 SUV를 살 거예요. (SUV=sports utility vehicle)

I would buy new clothes for me.
나를 위해 새 옷들을 살 거예요.

I would educate my children more variously.
자녀들을 더 다양하게 교육시킬 거예요.

(Your own answer) ____.

A: How do you save your money?
당신의 돈을 어떻게 절약하나요?

B: I always compare the prices when I buy the things. Then, I choose the lowest price.
물건들을 살 때 항상 가격들을 비교해요. 그리고 나서, 가장 낮은 가격을 선택해요.

I use the credit or check cards which have the discount coupons.
할인 쿠폰을 가진 신용카드나 체크카드를 이용해요.

I buy the second-hand stuff in a store.
가게에서 중고물품들을 구입해요.

(Your own answer) ____.

A: How do you prepare for your future financially?
재정적으로 당신의 미래를 어떻게 준비합니까?

B: I prepare the retirement pension.
퇴직연금을 준비해요.

I deposit my money in the bank accounts.
은행계좌에 나의 돈을 맡겨 두었어요.

I bought a small house against my old age.
노후를 대비하여 작은 집을 사 두었어요.

I save up the money to enter the silver town.
실버타운에 들어가기 위해 돈을 모아요.

I invest my money in stocks.
주식에 돈을 투자해요.

(Your own answer) ____.

3) 은퇴 후 하고 싶은 일

A: What do you want to do after retirement?
은퇴 후에 당신은 무엇을 하고 싶나요?

(Your own answer) ____.

① 외국에 가기(Going to a foreign country)

I want to go to foreign countries, and live for several months.
외국에 가서 몇 달간 살고 싶어요.

I want to help the people in the developing countries.
개발도상국가들에 가서 사람들을 도와주고 싶어요.

② 세계여행하기(Travelling around the world)

I want to travel around the world.
세계를 여행하고 싶어요.

I want to visit Canada, the Netherlands, and Israel.
캐나다와 네덜란드, 이스라엘에 가고 싶어요.

③ 자원봉사하기(Volunteering)

I want to do volunteer works.
자원봉사를 하기 원해요.

I'll go to welfare facilities or nursing homes on weekends, and help the disabled and entertain the old people.
주말에 복지시설이나 요양원에 가서 장애우를 돕고 할아버지 할머니들을 즐겁게 해드릴 거예요.

There are plenty of people who need your help.
도움이 필요한 사람들이 많이 있습니다.

I will help the people who are in need.
어려움에 있는 사람들을 도울 거예요.

④ 취미를 즐기기(Enjoying the hobby)

I will go to the mountains.
산에 갈 거예요.

I will start to do the yoga.
요가를 시작할 거예요.

I want to record the songs and make my CD.
노래를 녹음해서 CD를 만들고 싶어요.

⑤ 나의 인생을 돌아보기(Reflecting my life)

I'm planning to write my autobiography.
나의 자서전을 쓰려고 계획하고 있어요.

I plan to write a book for my family.
가족을 위하여 책을 한 권 쓰려고 계획해요.

I will look back on my life, and do the things which I wanted to do.
인생을 돌아보면서 하고 싶었던 일을 할 것이에요.

I will meet the friends and my acquaintances.
친구들과 지인들을 만날 거예요.

3. Practice

1) Pronunciation

deposit [dipázit]은 [디파짓]처럼 2음절에 강세를 두어 발음합니다. 강세에 유의하여 읽어 봅시다.

2) Short conversation

Move around the class asking and answering questions. 주위에서 아래와 같은 사람을 찾아보고 그 이름을 적어 보도록 합시다.

Find someone who...	Name A	Name B	Name C
has ever lost their wallet/ purse			
doesn't like using ATM(Automatic Tellex Machine)			
keeps money in an unusual place			
is saving up for something			
prepares the retirement pension			

3) Conversation

아래 두 사람은 은퇴를 곧 남겨둔 사람들입니다. 대화를 읽어 봅시다.

A: What do you plan to do after the retirement? Did you prepare the retirement pension?
은퇴 후에 뭘 계획하니? 퇴직연금은 준비했고?

B: Yes, I have the retirement pension. After my retirement, I plan to travel around the world, and see the beautiful scenery and people's lifestyles.
응, 난 퇴직연금을 가지고 있어. 은퇴후에는 세계를 여행하면서 아름다운 풍경도 보고 사람들의 생활 스타일도 볼 계획이야.

A: Fantastic!
멋지다!

B: Besides, I'm planning to do the voluntary works in the welfare facility.
그 외에도 복지시설에서 자원봉사를 할 계획이야.

A: Good! That is very worthwhile.
좋다! 보람된 일이지.

B: What about you? Do you have any plans?
넌 어떠니? 무슨 계획을 가지고 있어?

A: I'll take care of my grandchildren. My daughter-in-law is a teacher, so I have to help her. She is planning to have two babies.
나는 손자들을 돌볼 거야. 며느리가 교사라서 도와줘야 해. 아이를 두 명 가지려고 계획하더군.

B: Wow, you will be very busy after retirement.
와, 은퇴 후에 바빠지겠구나.

Quiz

1. 다음 문장에서 괄호에 알맞은 전치사는?

   I invest my money (   ) stocks.
   주식에 돈을 투자해요.

   ① of ② on
   ③ over ④ in

2. 다음 중 어휘와 뜻이 잘 짝지어지지 않은 것은?

   ① meditate - 명상, 묵상하다 ② stuff - 물건
   ③ arrange - 추첨하다 ④ simultaneously - 동시에

3. 다음 한국어의 뜻이 될 때 괄호에 들어갈 가장 적절한 단어는?

   I want to help the people in the (   ) country.
   개발도상국에 가서 사람들을 도와주고 싶어요.

   ① developing ② developed
   ③ underdeveloped ④ having developing

4. 다음 한국어의 뜻이 될 때 괄호에 들어갈 가장 적절한 단어는?

   I'm planning to write my (   ).
   나의 자서전을 쓰려고 계획하고 있어요.

   ① biography ② autobiography
   ③ autography ④ autograph

5. '은행계좌에 나의 돈을 맡겨 두었어요.'의 뜻으로 적절한 문장을 고르세요.

   ① I take my money in the bank accounts.
   ② I deposit my money in the bank accounts.
   ③ I get my money in the bank accounts.
   ④ I draw my money in the bank accounts.

Review

1. 시간 사용 ★

I do the work from the most important to the least important.
가장 중요한 것부터 덜 중요한 것의 순서로 일을 해요.

I try to do the work according to the priority.
우선순위에 따라서 일을 하려고 노력해요.

I write all the works that I have to do in my diary.
다이어리에 해야 할 모든 일들을 적어요.

I'll leave my house, and have time to think about my life.
집을 떠나서 내 인생에 대해 생각하는 시간을 가지겠어요.

2. 돈 사용 ★★

I always compare the prices when I buy the things. Then, I choose the lowest price.
물건들을 살 때 항상 가격들을 비교해요. 그리고 나서, 가장 낮은 가격을 선택해요.

I use the credit or check cards which have the discount coupons.
할인 쿠폰을 가진 신용카드나 체크카드를 이용해요.

I buy the second-hand stuff in a store.
가게에서 중고물품들을 구입해요.

3. 은퇴 후 하고 싶은 일 ★★

I want to go to foreign countries, and live for several months.
여러 나라에 가서 몇 달간 살고 싶어요.

I want to help the people in the developing countries.
개발도상국가에 가서 사람들을 도와주고 싶어요.

I want to do volunteer works.
자원봉사를 하기 원해요.

I'll go to welfare facilities or nursing homes on weekends, and help the disabled and entertain the old people.
주말에 복지시설이나 요양원에 가서 장애우를 돕고 할아버지 할머니들을 즐겁게 해드릴 거예요.

콩글리시와 잉글리시의 만남

뭔가 힘을 북돋우며 응원을 하고 싶을 때 fighting 하는 것은 가장 자주 쓰는 한국말이 되었습니다. 하지만 영어 표현으로는 go / come on / cheer up / keep going 등이 옳은 표현이 되겠습니다.

파이팅!(힘내!)

Kong: Fighting!

Eng: Cheer up!

콕콕 집어주는 용어사전

1. respect 존경하다

If you treat him with respect, he will treat you the same way.

네가 그를 정중하게 대하면, 그도 너를 똑같이 대접할 거야.

2. invest 투자하다

I invest my money in stocks.

난 주식에 돈을 투자해.

3. meditate 명상, 묵상하다

I meditate, look back over the past, and plan for the future.

난 명상을 하고, 과거를 돌아보면서 미래에 대한 계획을 세워.

4. against my old age (나의) 노후를 대비하여

What do you prepare against your old age?

노후를 대비하여 무엇을 준비하니?

WEEK 13-1
World Englishes (1)

Today's Goal 주요학습내용

세계영어(World Englishes)
출입국 과정 / 영국 영어

Lecture

1. 어휘

immigration 입국관리[심사], 입국	**arrival** 도착
passport 여권	**landing card** 입국신고서
declare 신고하다	**approximate** 대략적인
personal use 개인적 용도	**baggage** 수화물
baggage claim area 수화물 찾는 곳	

2. 구문

1) 세계영어

① Language of the World.

세계에는 5,000~6,000개의 언어가 있다고 합니다. 작은 부족의 언어들까지 다 합하면 더 많겠죠. 그 언어를 사용하는 숫자로 보면, 중국어 〉 힌두어 〉 스페인어 〉 영어의 순입니다.

하지만 우리는 그 많은 언어들을 다 익힐 수 없을 뿐더러, 몇 가지 언어들을 마스터한다는 것도 어른이 되어서는 결코 쉬운 일이 아닙니다. 따라서 아래의 내용을 참고하면 "영어는 특정 국가들의 언어가 아니라 의사소통의 수단이다."라고 볼 수 있네요.

5,000~6,000 languages in the world

Mandarin Chinese 〉 Hindi 〉 Spanish 〉 English

English - not the language of specific nations but the communication means

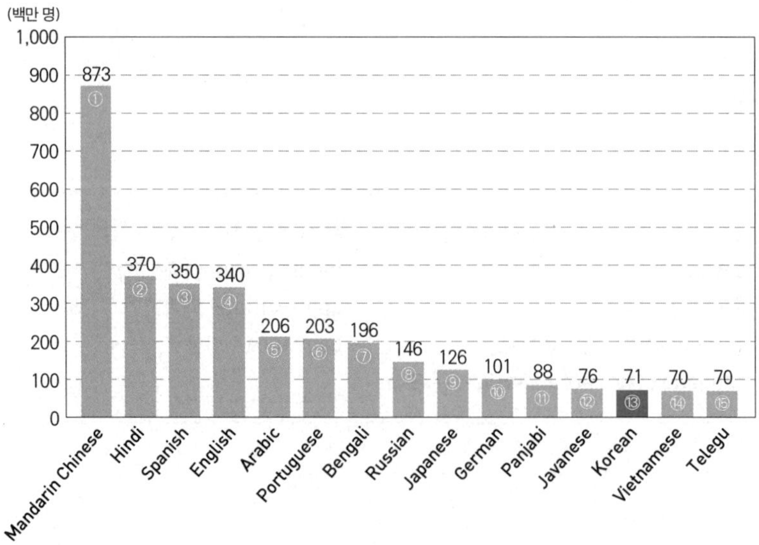

출처: 국립국어원, 《숫자로 살펴보는 우리말》, 2010.

② World Englishes 들어보셨나요?

영어 발음은 영어를 사용하는 나라마다 다를 수 있기 때문에, 어느 발음만이 옳다고 고집하는 것은 편향된 시각일 수가 있습니다. 전통적으로 우리나라에서는 미국식 영어 발음을 표준영어로 규정하여 정규학교에서 가르치고 있고, 미국식 영어 발음과 표현이 국제어로 널리 통용되고 있는 것이 사실입니다.

과거에는 미국 영어나 영국 영어를 표준영어라 규정하여 배우도록 하였지만 최근에는 영어를 복수형으로 만든 'World Englishes'(global English)라는 개념이 있습니다. 이는, 영어가 어느 한 나라 특정지역의 것만 세계 모든 사람이 따라야 하는 것이 아니라, 여러 나라에서 사용하는 영어들이 여러 다양한 변이로 존재한다는 개념을 내포하고 있다고 하겠지요. 영어를 모국어로 또는 제2언어, 공용어, 공식어 등으로 사용하는 나라들에서 토착어, 식민지화 등의 영향으로 생긴 그 나라만의 영어 변이를 가리켜 말하는 것이겠습니다.

미국 영어, 영국 영어만을 고집하는 것이 아니라, 다변화되는 국제사회에서 여러 나라에서 사용되는 다양한 영어의 특성을 존중하고 이를 살펴보도록 합시다. 우리가 앞으로 여러 나라를 방문하게 될 때 듣고 접하게 될 내용들입니다.

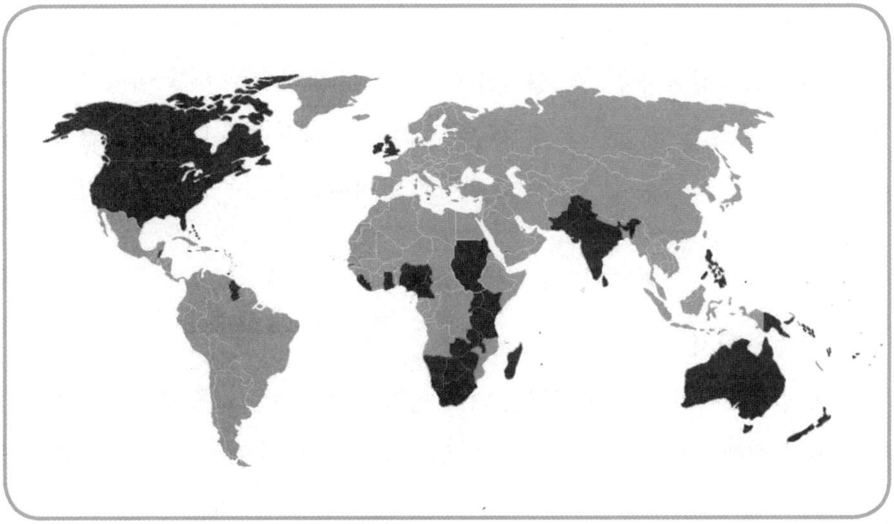

2) 출입국 과정

① 출발 전 준비

▶ 여권의 준비

- 여권의 종류: 여권은 '대한민국 국민임을 증명하는 증명서'입니다. 외국에서의 안전을 보장해 주는 신분증이기에 가장 중요한 준비물입니다. 여권의 종류는 관용 여권과 일반 여권으로 나뉘며, 여행자들이 받게 되는 일반 여권은 유효기간에 따라 복수여권(10년), 단수여권(1년)으로 나뉩니다. 복수여권은 10년간 사용 횟수에 제한이 없기 때문에 일반적으로 많이 신청하는 편입니다.
- 여권의 신청: 여권은 시, 구청 여권과에서 발급하며, 보통 2~3일 소요됩니다. (지방 시 · 군청은 7~10일 소요) 여권 신청서류는 ⓐ 여권발급 신청서, ⓑ 주민등록등본 1통, ⓒ 주민등록증이나 운전면허증, ⓓ 여권용 사진 2매, ⓔ 병역서류(국외여행허가서), ⓕ 발급비 등입니다.
- 전자여권: 전자칩을 내장하여 개인 정보를 저장한 여권을 말합니다. 기존 여권의 위 · 변조 및 여권 도용 억제를 통해 여권의 보안성과 편의를 증진시키기 위해 정부가 2008년 8월부터 발급한 여권입니다.

▶ 비자의 준비

비자(VISA)는 '입국사증', 즉 '입국을 허락하는 증명서'로서 해당 여행국가의 주한 대사관에서 받을 수 있습니다. 관광이 목적일 경우 대부분의 나라들은 별도의 비자가 필요 없으나 호주 등 몇몇 입국이 까다로운 나라들의 경우는 반드시 비자를 발급받아야 합니다. (유럽의 경우 60~90일 동안의 국내 여행은 비자가 필요 없음)

▶ 각종 증명서

각종 할인혜택과 더불어 여행을 더욱 편리하게 해주는 각종 증명서들이 있습니다. 미리 준비해 두면 유용하게 쓸 수 있고, 보다 경제적인 여행을 할 수 있습니다.

- 국제학생증: 국제학생여행연맹이 발급하는 전 세계 어디서나 통용되는 학생증입니다. 신청서류는 학생증사본, 반명함판 사진 1매, 신청서, 수수료이며, 발급

장소는 국제학생여행사(02-733-9494)이며, 발급 후 1년간 유효합니다. http://www.isic.co.kr

- 유스호스텔 회원증: 여행자를 위한 숙소인 세계 각국의 유스호스텔을 사용 할 수 있는 회원증입니다. 신청서류는 회원신청서 1부이며, 발급장소는 한국유스호스텔연맹(02-725-3031)이나 각 지방 유스호스텔 연맹에서 신청 가능합니다. http://www.kyha.or.kr
- 국제운전면허증: 여행지에서 직접 운전을 하실 분이라면 반드시 챙겨 가야 할 운전 면허증입니다. 신청은 관할 운전면허 시험장에서 하며, 신청서류는 여권, 운전면허증, 주민등록증, 사진 1매, 수수료입니다.

② 출입국

공항에서부터 출국하고 입국하기까지의 절차와 표현을 살펴봅시다. (인천국제공항에서 출국 시)

▶ 탑승수속

인천국제공항에서 여객터미널 3층에 들어오시면 체크인 카운터가 있습니다. 이곳에서 미리 예매해 두셨던 항공권의 항공사 체크인 카운터를 찾아 탑승수속을 마칩니다. 아시아나, 대한항공, America Airline과 같은 항공사에서 예매상황을 확인하고 좌석표가 찍혀 있는 보딩패스를 발급받을 수 있습니다. 이 보딩패스가 있어야 공항 안으로 들어갈 수 있고, 출국심사를 위해서 필요한 것인데, 각 항공사 카운터에 가서 여권과 티켓을 보여주면 보딩패스를 받을 수 있습니다.

Where is the check-in counter of Singapore Airline?
싱가포르 에어라인의 체크인 카운터가 어디인가요?

알려준 장소에 가서 줄을 선 이후에, 여권을 보여주고 비행기 탑승권을 발급받으면 이제 여권, 티켓, 기내용 가방을 가지고 큰 짐을 보내러 가면 됩니다. 어디로 가야 될지 모르겠으면, 짐 부친 곳에서 안내원에게 티켓을 보여주면서 물어봅시다.

Where can I send the baggage?
어디서 짐을 부칠 수 있을까요?

Where shall I go?
제가 어디로 갈까요?

Where am I supposed to go now?
이제 제가 어디로 가야 하나요?

▶ 수하물 탁송

물품 중 기내에서 휴대가 가능한 물품을 제외하고는 체크인 카운터에서 모두 위탁 수하물로 처리하셔야 합니다.

▶ 출국장으로의 입장

입구에서 탑승권과 여권을 보완요원에게 보여준 후 출국장으로 입장하면 됩니다.

▶ 세관신고

국내인이 해외여행을 떠나는 경우, 여행 시 사용하고 다시 가져올 귀중품 또는 고가품은 출국 전 세관출국신고대에 세관 신고를 한 후 '휴대물품반출신고(확인)서'를 받아야 입국 시에 해당 물품에 대해서 면세를 적용받을 수 있으며, 미화 1만 달러 초과하는 여행 경비를 휴대 반출할 시에도 세관출국신고대에 신고해야 합니다.

▶ 보안검색

세관신고를 마친 후에는 출국 보안검색대로 이동해야 합니다. 검색요원의 안내에 따라 대기선에서 자신의 보안검색 순서를 기다리다가 순서가 오면, 휴대물품은 X-ray 검색장비 컨베이어벨트 위에 올려놓고 휴

대폰, 동전 등의 개인 소지품은 바구니에 넣고 문형 금속탐지기를 통과하면 됩니다.

▶ 출국심사

이제 출국심사만이 남았습니다. 출국심사지역으로 이동하여 출국심사대 앞의 대기선에서 기다리다가 자신의 차례가 오면 여권, 탑승권을 순서대로 출국심사 직원에게 제시하여 여권에 출국 확인을 받은 후 여권을 돌려받습니다.

▶ 탑승

자, 드디어 모든 절차가 끝나고 탑승만 하면 끝! 검색대를 지나면, 티켓에 있는 번호의 게이트로 가서 기다리면 되는데, 시간 여유가 좀 있으면 면세품 매장을 구경하고 둘러볼 수도 있습니다. 시간은 반드시 잘 확인하여, 티켓에 적힌 시간보다 10분 이상 더 일찍 해당 번호 게이트 앞에 앉아 있다가, 안내에 따라 탑승하면 됩니다. 시간이 여유가 있으면 휴식을 취할 수 있고요.

드디어 도착했어요.

③ 입국심사

공항에 도착하면 'Arrival', 'Immigration'라는 표시가 나옵니다. 이 표시를 따라 가면 입국심사대가 나오고요. 입국심사대는 내국인과 외국인이 구분되어 있으며, 외국인 전용 심사대(foreigner immigration desk)에서 입국 수속절차를 마치면 ok!

Can I see your passport and landing card, please?
여권과 입국신고서를 볼 수 있을까요?

Is it your first visit to the United Kingdom?
영국 방문이 처음이십니까?

How long are you going to stay in the United kingdom?
영국에 얼마 동안 머물 예정입니까?

I'm going to stay for two weeks.
2주간 머물 예정입니다.

What's the purpose of your visit?
방문 목적은 무엇입니까?

Sightseeing. / Business. / Studying.
관광입니다. / 사업차 방문입니다. / 공부하러 왔습니다.

Where are you going to stay?
어디에서 머물 예정이십니까?

At the Hilton Hotel in London.
런던 힐튼 호텔입니다.

④ 세관 통과하기

세관 통과 시에는 보통 비행기에서 작성한 세관신고서(Customs Declaration Form)만 받고 통과 시킵니다. 짐이 많거나 의심이 가는 경우 질문을 받을 수도 있지만 자신있게 밝히면 되겠어요. 다만 신고서에 신고할 것이 없다고 하고서 나중에 이를 수정할 경우 의심을 받을 수 있기 때문에 언행에 유의하세요.

Do you have anything to declare?
신고할 물건이 있습니까?

I have nothing to declare.
신고할 게 없습니다.

I have a watch that I bought for my girl friend.
여자 친구 선물로 산 시계가 있습니다.

What's the approximate value of it?
이 물건의 가격이 대략 얼마나 됩니까?

I paid $250 for it.
250달러 주고 샀습니다.

I have to charge you a $20 duty for that.
그 물건에 대해 20달러 관세를 부과합니다.

Can I see what's in your bag, please?
가방에 뭐가 들어 있는지 볼 수 있을까요?

What's this?
이건 뭡니까?

That's my digital camera.
제 디지털 카메라입니다.

I brought it for my personal use.
개인적 용도로 가져왔습니다.

⑤ 짐 찾기

도착 후 별도로 부친 짐은 비행기편에 따라 찾는 곳이 다릅니다. 반드시 본인이 타고 온 비행기편을 알아두고 안내 표지판이나 전광판을 잘 확인하는 것도 잊어서는 안 되겠죠? 혹 짐을 분실했을 경우에는 출국 시 받은 수화물 확인증과 여권, 그리고 항공권을 갖고 화물 분실신고센터를 찾아가 분실신고를 해야 한다는 것도 알아두세요.

Where's the baggage claim area?
수화물 찾는 곳이 어디죠?

Is this the conveyer for flight 413?
이 컨베이어가 413 항공편 맞나요?

I can't find my baggage.
제 짐을 찾을 수가 없어요.

What does it look like?
가방이 어떻게 생겼죠?

It's a red Samsonite bag.
빨간색 샘소나이트 여행용 가방입니다.

Can I see your baggage claim tag?
수하물 보관증을 보여주시겠어요?

This is my baggage claim tag.
이게 제 수하물 보관증이에요.

3) 영국 영어

영국 영어는 식민지 등의 이유로 뉴질랜드, 호주, 자메이카, 동남아시아 및 아프리카 등 많은 나라에 영향을 주었습니다. 동남아시아와 아프리카에 가시는 분들이 특히 잘 알아두셔야 되겠습니다. 여러 가지 특징이 있지만 가장 두드러지게 볼 수 있는 발음변화는 다음과 같습니다.

① 모음: 미국 영어 [æ] → 영국 영어 [a]로 발음합니다.

예외적인 단어들도 있지만 미국 영어에서 [æ]를 영국 영어에서 [a]로 발음하는 일이 많습니다.

ex) dance, half, grant, laugh, path, grass, branch, plant, demand, sample, example, fast ....

② 자음: [r] 발음

[r] 발음을 모음 앞을 제외하고는 발음하지 않는 경향이 있습니다.

모음 앞: 발음합니다. ex) read, red, right …

발음하지 않는 [r]: ex) park, barn, cart, fart, car, work …

Park the car in the Harvard yard.

(이 문장에서 [r] 발음을 빼고 영국식으로 발음해 보세요.)

③ [t] 발음

미국 영어에서 대부분의 t 발음을 r 발음처럼 (정확하게 r 발음은 아니지만 여기서는 복잡한 전문적 설명은 줄입니다) 굴려서 하는 것에 비해, 영국 영어에서는 t 발음을 그대로 해줍니다. 유성음 앞에서 미국 영어는 water에서 t가 설탄음화되어 [d]에 가까운 발음을 합니다. (butter가 budder처럼 발음되죠.)

미국 영어: 모음과 모음 사이에 오는 /t/ 소리 [d]와 [r]의 중간소리로 발음

영국 영어: 모음과 모음 사이에 오면 /t/ 소리 그대로 발음

또 [n] 다음에 [t]가 올 때에도 미국 영어에서는 [t]가 약하게 발음되거나 탈락되기도 합니다. (twenty → tenny, winter → winner)

미국 영어: /nt/가 두 모음 사이에 오면 /t/ 소리 생략

영국 영어: /nt/가 두 모음 사이에 오면 /t/ 소리 발음

하지만 영국 영어에서는 [t] 발음을 그대로 해주는 것이 큰 차이입니다.

ex) water, letter, dentist …

영국의 정원과 집입니다. 아름답지요? 잠시 안구정화의 시간을 가져보세요.

영화 〈해리포터〉 다들 기억나시죠? 거기에 등장하는 '크라이스트처치'인데요, 옥스퍼드대학교의 건물 중의 하나랍니다. 관광객들은 입장료를 내고 들어갈 수 있고, 수요일마다 있는 예배를 참석할 때는 그냥 들어가서 예배에 참석할 수 있어요. 시간을 맞추어 가면, 성가대의 아름다운 목소리도 들을 수 있답니다.

옥스퍼드대학교 보들리안 도서관이에요. 멋진 건물이지요. 이곳에 들어가서 책을 읽으면, 고대 중세시대의 사상들이 더욱 쏙쏙 실감나게 들어올 것 같습니다. 이 도서관은 많은 장서를 소유하고 있고, 학과별로도 잘 되어 있답니다.

3. Practice

1) Pronunciation

top floor(꼭대기층)을 영국 영어로 발음해 봅시다. floor에서는 r 발음을 빼고 발음하면 됩니다.

영국: [tɔp] [오] (r 발음)
미국: [tap] [아] (r 발음 생략)

2) Conversation

입국심사와 세관통과에서 사용되는 대화입니다.

A: Can I see your passport and landing card, please?
여권과 입국신고서를 볼 수 있을까요?

B: Here they are.
여기 있습니다.

A: What's the purpose of your visit?
방문 목적이 무엇입니까?

B: For sightseeing.
관광입니다.

A: How long are you going to stay in the United States?
미국에 얼마나 머물 예정이신가요?

B: About a week.
약 일주일입니다.

Quiz

1. 다음 문장에서 괄호에 알맞은 전치사는?

   How long are you going to stay (   ) the United kingdom?

   영국에 얼마 동안 머물 예정입니까?

   ① of　　② in

   ③ over　　④ for

2. 다음 중 어휘와 뜻이 잘 짝지어지지 않은 것은?

   ① suburb - 교외, 근교　　② disadvantage - 단점

   ③ traffic jam - 교통 체증　　④ smoke - 매연이 있는

3. 다음 한국어의 뜻이 될 때 괄호에 들어갈 가장 적절한 단어는?

   I have nothing to (   ).

   신고할 게 없습니다.

   ① custom　　② arrest

   ③ declare　　④ tax

4. 다음 한국어의 뜻이 될 때 괄호에 들어갈 가장 적절한 단어는?

   I have to (   ) you a $20 duty for that.

   그 물건에 대해 20달러 관세를 부과합니다.

   ① charge　　② give

   ③ tax　　④ go

5. '이 물건의 가격이 대략 얼마나 됩니까?'의 뜻으로 적절한 문장을 고르세요.

   ① What's the about value of it?

   ② What's the around value of it?

   ③ What's the so value of it?

   ④ What's the approximate value of it?

Review

1. 세계영어 ★

   5,000～6,000 languages in the world

   Mandarin Chinese 〉 Hindi 〉 Spanish 〉 English

   English – not the language of specific nations but the communication means

2. 외국으로 떠날 때의 출입국 과정 ★★

   Where is the check-in counter of Singapore Airline?
   싱가포르 에어라인의 체크인 카운터가 어디인가요?

   Where can I send the baggage?
   어디서 짐을 부칠 수 있을까요?

   Where shall I go?
   제가 어디로 갈까요?

   Where am I supposed to go now?
   이제 제가 어디로 가야 하나요?

3. 영국 영어 ★★

   모음: 미국 영어 [æ] → 영국 영어 [a]로 발음합니다.

   자음: [r] 발음: 모음 앞 외에는 발음을 생략하는 경우가 있습니다.

   [t] 발음: 굴리지 않고 그대로 발음해 줍니다.

콩글리시와 잉글리시의 만남

황금시간대를 golden time이라고 하는데요, 영어로는 prime time이 맞는 표현입니다.

그건 황금 시간대의 TV 프로야.
Kong: It's a golden time TV show.
Eng: It's a prime time TV show.

콕콕 집어주는 용어사전

1. immigration 입국관리[심사], 입국
I wrote the immigration card.
입국관리심사 카드를 작성했어.

2. declare 신고하다
Is there anything to declare?
신고할 것이 있나요?

3. approximate 대략적인
Can you tell us its approximate cost?
대략적인 비용을 이야기해 주겠어요?

4. baggage 수화물
My baggage has not arrived yet.
제 수화물이 아직 도착하지 않았어요.

WEEK 13-2
World Englishes (2)

Today's Goal 주요학습내용

싱가포르 영어와 유스호스텔
필리핀 영어와 수퍼마켓 / 일본식 영어

Lecture

1. 어휘

identification 신분증	**membership card** 회원증
a shared shower 공동샤워실	**rate** 요금
traveler's check 여행자수표	**deposit** 보증금
a group discount 단체할인	**a safety box** 귀중품 보관함
out of stock (물품이) 다 떨어진/재고가 없는	**plastic bag** 비닐봉지

2. 구문

1) 싱가포르 영어와 유스호스텔

① 싱가포르 영어

동남아시아 영어는 영국(간혹 미국) 영어, 중국어, 토착어 등이 혼합되어 영향을 주고받았습니다. 싱가포르, 말레이시아, 필리핀 등 동남아시아 지역의 영어는 비슷한 부분이 많습니다. 싱가포르는 국가에서 발행된 관광안내서 첫 장에 '싱글리쉬'라고 부르는 자국의 영어를 소개하고 있습니다. 여러 나라 중 싱글리쉬의 특징을 살펴봅니다.

▶ p, t, k → [ㅃ, ㄸ, ㄲ]

p, t, k 발음이 미국/영국 영어에서는 공기가 나오는 유기음이지만 동남아시아에서는 무기음으로 [ㅃ, ㄸ, ㄲ]와 비슷하게 발음합니다.

아래 예시문을 싱가포르 영어로 발음해 보세요.

let's go to the party 렛쯔 고 뚜 더 빠띠

carpenter street thirty-three 까뻰떠 스뜨릿 떠띠 뜨리

What time come? 왓 따임 껌? (What time do you come?의 뜻)

▶ 문장 뒤에 곧잘 lah, leh, mah를 붙입니다.

ex) OK lah = O.K. No Lah = No.

▶ [r] 발음이 잘 안 되는 편이며 [l]로 발음합니다.

ex) Very - vely already - oreddy

▶ 어휘의 특징으로 뜻이 변형되어 쓰이는 경우가 있습니다.

arrow 화살 → 하기 싫은 일을 받았다.

solid 멋지다 action 자랑한다

싱가포르에서만 사용되는 단어

ex) MRT: mass rapid transit 대량수송기관(싱가포르 지하철)

makan 먹다

▶ 문법적 특징

- Already는 원래 완료형이지만 문법에 상관없이 과거의 의미로 사용됨.
- 'is it?'은 주어와 동사에 관계없이 부가의문문 '그래요?'의 뜻으로 사용됨.

▶ 문장 내 단어 배열이 독특합니다.

You like what? = What do you like?

She so pretty. = She is so pretty.

How to cook? = What is the recipe?

Tink Wad? = What do you think?

② 유스호스텔

외국의 유스호스텔은 세계 각국의 배낭 여행객들이 대부분 이용하는데, 적은 경비로 다양한 사람들을 만나고 여행 정보나 경험담을 얻을 수 있어 누구나 이용할 수 있는 숙박 시설입니다. 유스호스텔은 호텔보다 저렴하다는 장점이 있지만 보통 여러 명이 한 1실을 이용하기 때문에 번잡한 것을 싫어하는 여행객은 사전에 알아보는 것이 좋습니다.

Is there a room available tonight?
오늘밤에 숙박할 수 있습니까?

Do you have any vacancies?
빈 방이 있습니까?

I don't have a reservation.
저는 예약을 하지 않았습니다.

At what time can I check in?
몇 시에 체크인할 수 있습니까?

Do you have an identification(ID)?
신분증을 가지고 있습니까?

Here is my passport.
여기 여권이 있습니다.

Please show me your membership card.
회원증을 보여 주세요.

Do you have a shared shower?
공동 샤워실이 있습니까?

요금을 물을 때 유의할 점은 숙박요금에 세금이 포함되어 있는지 확인하는 것입니다.

What's the rate for one night?
하룻밤 숙박료가 얼마입니까?

How much is it per one night?
숙박료가 하룻밤에 어떻게 하나요?

Do you take traveler's checks?
여행자 수표를 받습니까?

I'd like to pay in cash.
현금으로 지불하고 싶습니다.

Is the tax included?
세금이 포함되어 있습니까?

Shall I pay the rate in advance?
숙박료를 미리 선불로 내야 합니까?

Should I pay a deposit?
보증금을 내야 합니까?

Do you have a group discount?
단체 할인이 있습니까?

Do you have a safety box?
귀중품 보관함이(안전금고가) 있습니까?

2) 필리핀 영어와 수퍼마켓

① 필리핀 영어

필리핀은 섬으로 이루어진 나라지요. 그러다 보니 지역마다 사용하는 토착어가 달라서 전체 국민의 의사소통에 문제가 있었고, 그래서 타갈로그어를 국가공용어(national language)로 정하게 됩니다. 영어도 공용어로 사용하고 있는데, 아직도 지역에 따라 발음 등의 차이가 꽤 있습니다. 몇 가지 특징적인 면만 간단히 살펴보겠습니다.

> **참고** 미국의 필리핀 지배 이후 1901년 무렵부터 영어교육이 시작되었으며, 필리핀 대통령 마누엘 캐손은 민족주의 관점에서 필리핀 고유어 가운데 공용어를 정하려는 시도를 하다가, 결국 1937년에 타갈로그어가 선택되었습니다. 1940년부터 타갈로그어 교육이 시작되었으나, 이 시기에는 아직 국가공용어로 지정되지는 못하였습니다. 필리핀 정식 독립 이후 타갈로그어는 공용어가 되었으며, 1960년이후에는 다시 필리피노어로 이름을 고쳤습니다. 필리피노어는 언어의 기초를 타갈로그어에 두되, 표준어화 과정을 거쳐 일부요소를 뺐습니다.
>
> 출처: http://ko.wikipedia.org/wiki

▶ 미국 영어의 영향력이 있지만, 흥미로운 점은 따갈로그어에 [æ] 발음이 없어, 영국 영어의 특징처럼 [a]로 바꾸어 발음합니다.
ex) half, hat, bag ...

▶ 'ma'am'은 여성을 공손하게 부를 때 주로 사용하고 남자에게는 'sir'를 사용합니다. 가게에서 물건을 살 때, "Thank you, ma'am." 인사를 종종 듣지요.

▶ 영어를 음절박자언어처럼 읽습니다. 본래 한국어가 한 음절 한 음절 강조를 똑같이 주어 읽고 영어는 문장강세를 받는 단어들이 있는데 필리핀 영어(동남아시아의 영어가 많이 그렇습니다)에서는 한 음절 한 음절 강세를 주는 음절박자언어의 특징을 갖습니다.

② 수퍼마켓

슈퍼마켓 쇼핑! 필리핀은 우리보다 물가가 약간 낮기 때문에 이런저런 생필품을 사면 좋답니다.

Excuse me. I'm looking for coffee.
실례합니다. 커피를 찾고 있습니다.

Could you tell me where they are?
어디에 있는지 말씀해 주시겠어요?

Where can I find milk?
우유는 어디에 있습니까?

We're out of stock.
그 물건은 다 떨어졌습니다.

Could you put it in a bag, please?
(쇼핑)백에 넣어주시겠어요?

Paper or plastic bag?
종이백을 드릴까요, 비닐백을 드릴까요?

May I have the receipt?
영수증을 주시겠어요?

쇼핑 관련 단어들

souvenir shop 기념품점
bargain sale 바겐세일
discount/reduction 할인
folkcraft shop 민예품점
price tag 가격표
Instructions 설명서

---

3) 일본식 영어와 관광

일본어의 특징은 자음이 두 개 연달아 올 수 없고, 반드시 자음-모음-자음-모음의 조합이 된다는 것입니다. 한국어로 설명한다면 받침이 없는 것인데요, 그래서 우리가 일본식 영어라고 하는 그런 발음이 생기는 겁니다.

McDonald 마꾸도나르도

back 바꾸

Good guide 구또 가이도

3. Practice

1) Pronunciation

싱가포르 영어로 아래 문장을 발음해 봅시다.

Where do you come from?

Do you want a chicken?

2) Short conversation

수퍼마켓에서의 상황입니다.

A: Excuse me. I'm looking for dried fruits.

B: What kind of fruits?

A: Mango.

B: We're out of stock.

A: Oh, no. Then, do you have other kind of dried fruits?

B: Yes, we have some. You can find them in number 5 line.

A: Thank you.

3) Conversation

유스호스텔에서의 상황입니다.

A: Excuse me, is there a room available tonight?
실례합니다. 오늘 밤에 빈 방이 있나요?

B: How many people?
몇 분인가요?

A: Just two. My husband and I.
두 명밖에 없어요. 저와 제 남편요.

B: Yes, there is a room for you. How long are you going to stay?
네, 방이 하나 있군요. 얼마나 머무르실 건데요?

A: We'll stay for three days. How much is the rate?
3일간요. 가격은 얼마인가요?

B: 50 dollars per day.
하루에 50달러예요.

A: Okay.
네.

B: Can you show me your passport?
여권을 보여주시겠어요?

A: Yes, here it is.
네, 여기 있어요.

Quiz

1. 다음 문장에서 괄호에 알맞은 전치사는?

What's the rate ( ) one night?
하룻밤 숙박료가 얼마입니까?

① of ② on
③ over ④ for

2. 다음 중 어휘와 뜻이 잘 짝지어지지 않은 것은?

① a shared shower - 공동샤워실 ② out of stock - 물건이 많은
③ traveler's check - 여행자수표 ④ a group discount (rate) - 단체할인

3. 다음 한국어의 뜻이 될 때 괄호에 들어갈 가장 적절한 단어는?

How much is it ( ) one night?
숙박료가 하룻밤에 어떻게 하나요?

① by ② on
③ per ④ pass

4. 다음 한국어의 뜻이 될 때 괄호에 들어갈 가장 적절한 단어는?

Do you have a ( ) shower?
공동 샤워실이 있습니까?

① shared ② sharinged
③ together ④ group

5. '그 물건은 다 떨어졌습니다.'의 뜻으로 적절한 문장을 고르세요.

① We're out of stock. ② We're in stock.
③ We're by stock. ④ We're buy stock.

Review

1. 유스호스텔 ★

Is there a room available tonight?
오늘밤에 숙박할 수 있습니까?

Do you have any vacancies?
빈 방이 있습니까?

I don't have a reservation.
저는 예약을 하지 않았습니다.

At what time can I check in?
몇 시에 체크인할 수 있습니까?

Do you have an identification(ID)?
신분증을 가지고 있습니까?

2. 수퍼마켓 ★★

We're out of stock.
그 물건은 다 떨어졌습니다.

Could you put it in a bag, please?
(쇼핑)백에 넣어 주시겠어요?

Paper or plastic bag?
종이백을 드릴까요, 비닐백을 드릴까요?

May I have the receipt?
영수증을 주시겠어요?

3. 일본식 영어 ★★

McDonald 마꾸도나르도

back 바꾸

Good guide 구또 가이도

콩글리시와 잉글리시의 만남

커피에 넣는 프림을 prime으로 영어로도 쓸 때가 있는데, 영어 표현은 cream이 맞습니다.

저는 커피에 프림을 넣어주세요.
Kong: I want prime in my coffee.
Eng: I want cream in my coffee.

콕콕 집어주는 용어사전

1. a group discount 단체할인

Can we get a group discount (rate)?
단체 할인을 받을 수 있나요?

2. a safety box 귀중품 보관함(안전금고)

You can keep your jewelry in a safety box.
보석은 귀중품 보관함(안전금고)에 보관할 수 있습니다.

3. plastic bag 비닐봉지

I want a paper bag instead of a plastic bag.
비닐봉지 대신에 종이가방 주세요.

4. out of stock (물품이) 다 떨어진/재고가 없는

We are out of stock.
재고가 없네요.

Quiz 정답 및 해설

Week 01-1
➡ 본문 22쪽

1. from　2. What　3. ④　4. ④　5. ③

1. from은 어디로부터를 표현할 때 쓸 수 있는 전치사.
2. '무슨 일을 하나요?'와 동일한 표현이므로 빈 칸에는 'What'이 들어갑니다.
3. go+…ing는 '~하러 가다'라는 뜻이 됩니다.
4. play+운동경기 이름은 '운동을 하다'의 뜻.
5. May I~?를 사용하면, '제가 ~해도 될까요?' 하는 격식적인 표현이 됩니다.

Week 01-2
➡ 본문 35쪽

1. ① in her late fifties, ② in his early sixties
2. ① sister-in-law, ② mother-in-law　3. in　4. ①　5. ③

1. in her late fifties 그녀는 오십대 후반, in his early sixties 그는 육십대 초반.
2. 오빠의 부인이니 시누이(sister-in-law), 남편의 어머니는 시어머니(mother-in-law).
3. 장소 앞에 전치사 in을 씁니다.
4. 형은 elder brother 또는 older brother입니다.
5. 나이는 만난지 얼마 안될 때는 바로 묻지는 않습니다.

Week 02-1
➡ 본문 45쪽

1. ②　2. ③　3. ③　4. ①　5. ④

1. what do you think about ...?: ~에 대해 어떻게 생각하니?
2. I can으로 답변했으므로 질문은 can으로 묻습니다.
3. taste 취향
4. musical instrument 악기
5. 재즈를 좋아하냐는 질문에 대해, 그녀는 내가 제일 좋아하는 가수라는 답은 자연스럽지 않습니다.

Week 02-2
➡ 본문 54쪽

1. ③　2. ④　3. ②　4. ②　5. ②

1. ①, ②, ④는 음치라는 표현, ③은 솔로 아티스트.
2. ~와 같은
3. 부정문에 대해 맞장구칠 때는 me, neither를 씁니다.
4. release the song 노래를 출시하다
5. that sort of thing 기타 등등, 그런 것들

Week 03-1
➡ 본문 66쪽

1. ② 2. ④ 3. ③ 4. ④ 5. ①

1. 특별한 날, 휴일 앞에는 on을 씁니다.
2. 크리스마스는 December 25th입니다.
3. 월을 먼저 쓰고 날은 서수로 씁니다.
4. 짜장면은 Chinese style noodles입니다.
5. 국가의(national) 설립(foundation) 날입니다.

Week 03-2
➡ 본문 76쪽

1. ① 2. ④ 3. ④ 4. ④ 5. ②

1. scenery는 풍경입니다. 관광은 sightseeing; tourism.
2. Dear는 Dear Jini와 같이(추가) 사람 이름을 뒤에 붙여 이메일이나 엽서의 첫머리에 사용합니다.
3. 호화로운 숙박시설은 luxurious accommodation.
4. the most important thing 가장 중요한 것
5. company는 동행하는 친구라는 뜻이 있습니다.

Week 04-1
➡ 본문 85쪽

1. ② 2. ③ 3. ③ 4. ② 5. ①

1. There is something wrong with: ~에 문제가 있다
2. plunger는 하수구 청소기(흡입식 하수청소봉)입니다.
3. out of order는 '고장난'
4. ask 목적어 to 부정사
5. get 목적어 to 부정사, fixed → to fix

Week 04-2
➡ 본문 96쪽

1. ③ 2. ③ 3. ① 4. ② 5. ②

1. over ~가 초과하다
2. configure는 '설정하다'의 뜻입니다.
3. 제거하다, 빼다는 remove.
4. double-charged는 '계산을 중복해서 하다'의 뜻입니다.
5. Check, please는 '계산해 주세요'의 뜻입니다.

Week 05-1

➡ 본문 106쪽

1. ④ 2. ④ 3. ② 4. ③ 5. ④

1. get 얻다
2. a stationery store 문구점
3. adjust 조정하다
4. less 덜한
5. gift-wrap 선물포장하다

Week 05-2

➡ 본문 118쪽

1. ② 2. ② 3. ③ 4. ① 5. ④

1. with the email이 '이메일로'의 뜻입니다.
2. in stock 재고 있음
3. usually 보통
4. enter 넣다, 입력하다
5. How would you like to pay? 어떻게 지불하겠습니까?

Week 06-1

➡ 본문 129쪽

1. ② 2. ④ 3. ② 4. ④ 5. ②

1. be on medication 약물 치료 중
2. severe 심한
3. stay healthy 건강을 유지하다
4. work well (약이) 잘 듣다/효과가 있다
5. I have a runny nose. 콧물이 나요.

Week 06-2

➡ 본문 139쪽

1. ① 2. ④ 3. ③ 4. ③ 5. ④

1. be covered by insurance 보험에 들다
2. physician 내과 의사
3. pull up one's shirt 셔츠를 올리다
4. hurt '아프다'인데, teeth가 주어이면 '이가 시리다'이며 teeth가 복수이므로 hurt를 씁니다.
5. I'm all black and blue. 전신에 멍이 들었어요.

Week 07-1

➡ 본문 150쪽

1. ①　2. ②　3. ③　4. ①　5. ③

1. take care of 돌보다
2. hot-tempered 다혈질인
3. financial 재정적
4. Miss Right 이상형
5. She is outgoing and social.
   그녀는 활발하고 사교적이야.

Week 07-2

➡ 본문 163쪽

1. ①　2. ③　3. ③　4. ①　5. ③

1. from another culture 다른 문화에서 온
2. one-sided love 짝사랑
3. in turns 차례대로, 순서대로
4. get divorced 이혼하다
5. I usually pay the bill for both of us.
   내가 보통 두 명 가격을 다 지불해.

Week 08-1

➡ 본문 174쪽

1. ②　2. ④　3. ②　4. ①　5. ③

1. on foot 걸어서
2. smoky 연기가 있는, 연기가 나는
3. go abroad 외국에 가다
4. transfer 갈아타다
5. I try to obey the traffic regulations.
   교통법규를 지키려고 노력해.

Week 08-2

➡ 본문 186쪽

1. ②　2. ③　3. ③　4. ①　5. ②

1. get off 내리다
2. insurance 보험
3. one-way fare 편도요금
4. a second-class ticket 2등석
5. I got into a minor traffic accident on my way home.
   집에 오는 길에 경미한 교통사고가 있었어.

Week 09-1
➡ 본문 198쪽

1. ② 2. ④ 3. ④ 4. ① 5. ③

1. have a problem with ~에 어려움이 있다
2. gloomy 우울한
3. What would you do in my place?
   당신이 내 입장이라면 어떻게 하시겠어요?
4. go well with ~와 잘 어울리다
5. My parents advise me to eat less. 부모님이 저에게 덜 먹으라고 조언을 줘요.
   'advise 목적어 to 부정사': 목적어가 to 부정사 하도록 충고하다/조언하다.

Week 09-2
➡ 본문 209쪽

1. ② 2. ③ 3. ④ 4. ① 5. ②

1. A friend in need is a friend indeed.
   곤란할 때 돕는 친구가 진짜 친구.
2. calamity 재난
3. raise 키우다(타동사)
4. Power is dangerous unless you have humility.
   겸손이 없으면 권력은 위험하다.
5. As you sow, so shall you reap.
   심는 대로 거두는 법이야.

Week 10-1
➡ 본문 219쪽

1. ③ 2. ② 3. ① 4. ④ 5. ②

1. how about ...?: ~은 어떠한가?
2. retain 보유하다
3. at least 최소한, 적어도
4. Watch your step, please. 발 밑을 조심하세요.
5. They are all sold out. 그것들은 다 매진입니다.

Week 10-2
➡ 본문 228쪽

1. ④ 2. ③ 3. ③ 4. ② 5. ④

1. Spicy food doesn't agree with me. 매운 음식은 제게 맞지 않아요.
2. awful 지독한
3. My mouth is watering. 군침이 돌아요.
4. well done 잘 익힌
5. Rosemary is one of all time favorite herbs.
   로즈마리는 가장 사랑받는 허브 중의 하나죠.

Week 11-1

➡ 본문 239쪽

1. ② 2. ④ 3. ③ 4. ① 5. ③

1. 날짜 앞에는 전치사 on을 사용합니다.
2. anyway 어쨌든
3. transfer to ~로 갈아타다
4. next to ~의 옆에
5. We are having a party on the 12th of March.
   3월 12일에 파티를 합니다.

Week 11-2

➡ 본문 250쪽

1. ① 2. ④ 3. ① 4. ① 5. ②

1. During ~하는 동안에
2. excel 뛰어나다, 탁월하다
3. realize one's potential 잠재력을 실현시키다
4. teacher's certificate 교사자격증
5. annual income 연봉

Week 12-1

➡ 본문 260쪽

1. ② 2. ① 3. ① 4. ③ 5. ①

1. English as a Second language: ESL
2. kindergarten 유치원
3. be taught 가르쳐지다
4. native speaker 원어민
5. How long have you been studying English?
   영어공부를 얼마 동안 해왔나요?

Week 12-2

➡ 본문 270쪽

1. ④ 2. ③ 3. ① 4. ② 5. ②

1. invest A in B: A를 B에 투자하다
2. arrange 정돈하다
3. developing country 개발도상국
4. autobiography 자서전
5. I deposit my money in the bank accounts.
   은행계좌에 나의 돈을 맡겨 두었어요.

Week 13-1

➡ 본문 285쪽

1. ②　2. ④　3. ③　4. ①　5. ④

1. in the United kingdom 영국에
2. smoke 매연, smoky 매연이 있는
3. declare 신고하다
4. charge 부과하다
5. What's the approximate value of it?
   이 물건의 가격이 대략 얼마나 됩니까?

Week 13-2

➡ 본문 296쪽

1. ④　2. ②　3. ③　4. ①　5. ①

1. 하룻밤 숙박료가 얼마입니까?
   What's the rate for one night?
2. out of stock (물품이) 다 떨어진/재고가 없는
3. per one night 하룻밤에
4. 공동 샤워실이 있습니까?
   Do you have a shared shower?
5. We're out of stock. 그 물건은 다 떨어졌습니다.

Reference

국립국어원.《숫자로 살펴보는 우리말》. 2010.
김명숙 · 김준호 · 문안아 · 황인태.《영어의 변화》. 형설출판사, 2009.
최은경.《세계 영어들의 정체성》. 한국학술정보, 2006.
아마존닷컴 http://www.amazon.com
위키피디아 http://ko.wikipedia.org/wiki
히쓰로공항 http://www.heathrowairport.com
국내 문화재와 관광명소 안내 표지판들